安徽省 2020 年高等学校省级质量工程项目：线上线下混合式和社会实践课程《大学生职业发展与就业指导》(2020xsxxkc093)

当代大学生创业教育研究

杨建　吴巍　著

中国商业出版社

图书在版编目（CIP）数据

当代大学生创业教育研究 / 杨建，吴巍著. -- 北京：中国商业出版社，2021.11
ISBN 978-7-5208-1840-7

Ⅰ. ①当… Ⅱ. ①杨… ②吴… Ⅲ. ①大学生－创业－研究 Ⅳ. ① G647.38

中国版本图书馆 CIP 数据核字 (2021) 第 209513 号

责任编辑：林　海

中国商业出版社出版发行
010-63180647　www.c-cbook.com
（100053　北京广安门内报国寺 1 号）
新华书店经销
定州启航印刷有限公司印刷
*
710 毫米 ×1000 毫米　16 开　13 印张　230 千字
2021 年 11 月第 1 版　2021 年 11 月第 1 次印刷
定价：65.00 元

*　*　*　*

（如有印装质量问题可更换）

前　言

preface

我国高校的创业教育源于20世纪末，经过势头强劲的起步阶段后，现在，我国高校的创业教育大有在全球创业教育中异军突起、后来居上之势。与以往的计划性就业模式相比，以创新创造为旗帜的大学生自主创业教育是一个比较新的研究课题，对其进行相关探讨，具有很强的实效性与科学研究性。

目前，我国高校的创业教育尚未形成一般性的教学模式，还存在一些问题，如创业环境与政策不够完善、高校创业观念落后、创业课程教育失衡、对大学生创业素质要求没有清晰的界定等。针对这些问题，本书做了如下工作。

第一，从梳理创业相关内容的内涵入手，研究我国大学生创业教育的历史沿革，总结我国创业教育的发展和现状，并对创业教育的相关概念进行界定。

第二，对大学生创业教育的意义及必要性进行研究，对我国试点高校创业教育历程与特点进行分析，力图对现实中其他高校创业教育起到指导作用。

第三，深入探讨国内创业教育的普遍性问题与成因，发现事物内部根本性的弊端所在。

第四，研究国外创业教育文化，借鉴国外成功经验，结合我国实际，从环境建设、组织机构建设、师资队伍建设、课程体系建设、实践教育等多个方面，具体分析创业教育的实施，进而探索构建大学生创业教育的模式。

本书由安徽工业大学杨建和吴巍共同完成，杨建负责第一章到第五章；

吴巍负责第六章到第七章。

本书得到了安徽省教育厅高校思想政治能力提升项目的资助，得到了安徽工业大学相关领导的高度重视和中国商业出版社的鼎力相助。本书为2019年安徽省高校思想政治工作能力提升计划暨“三全育人”试点省建设奖补项目，高校思想政治工作中青年骨干队伍建设项目（不忘初心，方得始终，培养担当民族复兴大任的新时代青年 sztsjh2019-8-26）；2020年安徽省“三全育人”试点省建设暨高校思想政治工作能力提升项目，安徽省大学生实践教育基地建设项目（创新创业创客三创融合大学生社会实践基地 sztsjh-2020-2-7）；2020年度安徽省质量工程项目，线上线下混合式和社会实践课程（大学生职业发展与就业指导 2020xsxxkc093）。同时，在编写过程中，借鉴和参考了部分专家、学者的研究成果和著述内容，在此表示衷心的感谢。

由于时间短促，水平有限，书中难免存在不足之处，在此恳切希望专家、学者批评指教，以便我们在今后的研究中予以更正和注意。

杨建　吴巍

目　录

contents

第一章 概述

对所有领域中任何问题的研究都需要从相关的概念定义和内涵的分析开始，其目的就是明晰界定自己所研究领域的概念框架、研究边界和核心问题。因此，要研究创业教育问题，就需要对创业、大学生创业、创业教育等概念进行分析和界定，也要历史辩证地从创业、大学生创业、创业教育、大学生创业教育这几个方面进行综合分析。只有以这些研究和分析为基础，才能更准确、更简捷地描述出创业体系的研究领域和范围。

第一节 创业

一、创业的内涵

（一）学界对于创业的定义

古今中外对创业的定义各不相同。《辞海》将创业定义为“创立基业”，突出了创业开端的艰难以及创业过程的开拓与创新意义。通俗而言，创业具有广义和狭义之分。广义的创业是指“创立基业”，即对人类社会具有积极的、开创意义的社会活动，这种活动发生在经济、文化、政治、教育等各个领域均可。狭义的创业是指创业者通过识别和获取商机，将自身所拥有的知识与社会资源进行优化整合，提供产品或服务，创造更大的社会价值、经济价值的行为过程；根据个人的兴趣、爱好、特长、知识储备、能力结构等，选择适当的职业、工作岗位，在实现个人价值的同时，为社会带来财富，这也属于创业。经营一家网店，获得一份满意的工作，都是创业的形式，创业是就业的高级形式。

从文献上来看，早期创业的概念主要是由经济学家提出并进行系统阐述的。早期观点认为创业能对公司产生推动作用，但公司的获利是处于不确定环境中的回报，主要强调的是财富的创造。因此，早期观点是把创业与风险和财富联系在一起，可以概括为以下七个方面：财富的创造、企业的创造、革新的创造、改变的创造、雇佣机会的创造、价值的创造以及成长的创造。其内容主要为开创新事业、构建合理的组织形式、利用创新这一工具实现各种资源的重新组合，通过对潜在机会的发掘而创造价值。

创业源于市场行为与精神，与高等教育机构并没有必然的联系，甚至在高等教育的精英时代，大学都是排斥与市场有紧密联系的。在纽曼的《大学的理想》一书中可以看到“知识本身即是大学教育的目的，其他任何直接的好处都不是大学生进入大学时所要求的”[1]。

这也说明了最开始的创业并不是在高等教育中显现出来的，而是随着高等教育与市场之间的联系越来越密切，高校内部众多学者才慢慢开始关注创业。由于创业是一个跨学科的多面现象，涉及创新、技术与环境的变化、新产品的研发等问题，研究学科主要涉及心理学、社会学、管理学、经济学、历史学等。针对创业这一问题，不同学者可以从多角度、多维度切入，采取不同的研究视角、研究方法等进行研究。因此，到目前为止，学者们对创业含义的界定还存在极为多样化的特点。

有学者认为：“创业是一种创建企业的过程，或者说是创建企业的活动。”[2] 提出创业活动必然涉及创新，但创新不一定是创业活动。罗天虎认为：“创业是社会上的个人或群体为了改变现状、造福后人，依靠自己的力量努力创造和积累财富的艰苦奋斗过程。创业活动具有开拓性、自主性和功利性等基本特征。”[3] 清华大学学者雷家骕认为，创业是创新的特殊形态。郁义鸿、李志能等人认为，创业是一个发现和捕获机会，并由此创造出新颖的产品或

1 [英]约翰·亨利·纽曼.大学的理想[M].徐辉，顾建新，何曙荣，译.杭州：浙江教育出版社，2001：23-25.

2 葛建新.创业学[M].北京：清华大学出版社，2004：56.

3 罗天虎.创业学教程[M].西安：西北工业大学出版社，2004：6.

服务和实现其潜在价值的过程。

著名经济学家熊彼特认为，创业是实现创新的过程，这个创新过程主要包括新产品、新工艺、采用新的生产原料、进入新市场以及制度创新等。美国学者德鲁克对创业的定义与熊彼特有类似之处，将创业理解为能够创造出具有价值的、与众不同的新东西的活动。另外，有学者将创业理解为一个创造不断增长的财富的动态过程，还有学者认为创业就是通过奉献必要的时间和努力，承担相应的经济、心理和社会风险，最终得到货币报酬与个人满足，并自主性地创造出有价值的新东西的过程。

（二）当代对创业的诠释

在当代，学者们对创业的定义逐渐变得多元化，有学者从历史中理解创业，更多的学者是从新组织的创建过程、创业与机会、当时的资源以及创业者个人的创业素质等方面进行论述。可以看出，学者们对创业的定义开始由新组织的创建，逐渐转向机会的获取，同时注重创业者个人的实施方案以及领导艺术，即创业者个人的素质。

而后，学者们认为创业其实是个体在动态的实践和环境中通过一定的组织形式，发掘并利用潜在机会来创造价值的过程；是具有创新、行动超前的特质及勇于承担风险的创业者及其团队，去发现机会、集聚资源并创造价值的过程。通过上述学者的定义，可以看出后期更加注重创业过程的研究，这一时期的关键内容主要集中于创造新组织、开拓新业务、发现潜在价值等方面。相较于以前，可以看出学者们的研究开始由创业者个人的特质转向创业过程的研究，因此创业的内涵也从个人本身转向了事物的过程方面。

对创业进行定义，首先要认识到创业的内在本质要素，对创业的定义既不能过于狭窄，也不能过于宽泛，而是要将创业的核心和主线融入创业定义中，即创业既是一个机会识别过程，又是一个企业相关要素的创新过程。基于此，创业的内涵包含三个方面的内容：第一，创业主体的创业动机是创业活动发生的“启动阀”，创业动机是推动创业者实施创业行为的主观理念和意识；第二，创业是创业主体基于自身优势发现或创造商业机会以及管理新创企业的过程；第三，特定领域的创业行为必然伴随着创新，因而创业往往也是一个创新的过程。另外，创业所需的能力也分为三个层次：一是识别机会和获取机会的能力；二是创业者个人的个性与心理特质，如想象力、创造性等；三是创建新组织、开展新业务和发现潜在价值的能力。

二、创业的知识准备

创业者必须学习一些企业管理知识和专业知识，这样才能拥有创业的前提和资本，并在创业前寻找到创业机会，从而为未来的创业打下基础。

所谓管理是指为了实现某种目的而进行决策、计划、组织、指导、实施、控制的过程；管理的目的是提高效率和增加效益；管理的核心是人；管理的本质是协调，协调的中心是人；管理的真谛是聚合企业的各类资源，充分运用管理的功能，以最优的投入获得最佳的回报，以实现企业的既定目标。

企业管理涉及的知识非常多，如企业战略管理、计划管理、组织管理、成本管理、财务管理、营销管理等，下面仅对其主要方面进行简要介绍。

（一）企业战略管理

“战略”的意思是“将军指挥军队的艺术”。战略并不是空的东西，也不是虚无，而是直接决定企业能否实现持续发展和持续盈利的最重要的决策参照系。企业战略管理可以被定义为一门关于如何制定、实施、评价企业战略以保证企业组织有效实现自身目标的艺术与科学。它主要研究企业作为整体的功能与责任以及所要面临的机会与风险，重点讨论企业经营中所涉及的跨越，如营销、技术、组织、财务等职能领域的综合性决策问题以及涉及企业发展的全局性、长远性的重大问题，如企业的经营方向、市场开拓、产品开发、机制改革、组织机构改组、重大技术改造、筹资融资等。

因此，为企业制定正确的战略并很好地实施是企业的生命线，是企业腾飞的起跳板，一个及时、果断、英明的战略决策是企业由蛹化蝶、由小到大、由平凡到伟大的最初推动力。相反，错误的战略则会葬送一个企业。那么，要如何进行正确的决策呢？

想要正确决策，创业者就需要具有较强的信息获取和处理能力，能敏锐地洞察环境变动中产生的商机和挑战，进而形成有价值的创意并付诸行动。特别是创业者要随时了解同行业的经营状况及市场变化，了解竞争对手的情况，做到“知己知彼”，以便适时调整自己的竞争策略，使自己拥有并保持竞争优势。同时，创业者还要通过不断进行创新思维和创新实践，进行反思和学习，总结创新经验，汲取教训，及时修正偏差和错误，从而进一步提高决策能力，促进企业的健康成长。

（二）企业计划管理

所谓企业计划管理是指通过预测、规划、预算、决策等手段，把企业的经济活动围绕总目标的要求有效地组织起来。计划管理体现了目标管理的思想。所谓目标管理是指通过划分组织目标与个人目标，将许多关键的管理活动结合起来，从而对企业实现全面、有效的管理。目标管理是强调系统和整体、自主自控的管理，是重绩效、重成果的管理，是面向未来的管理。创业者在制订计划时一定要综合考虑各种因素，并尽可能将各种细节都考虑在内，从而形成切实可行的实施方案。此外，在计划实施的过程中，创业者还要针对当时的具体情况进行适时的调整。

（三）企业组织管理

企业组织管理包括建立组织结构，规定职务或职位，明确责权关系，以使组织中的成员互相协作配合、共同劳动，有效实现组织目标。企业组织管理主要体现在企业的组织结构设计及各项管理制度上。俗话说“没有规矩，不成方圆”。一个企业无论大小，都必须有相应的制度来管理。当然，开始时制度可以简单一些、少一些，随着企业的不断发展，可以不断制定新的制度并改进以前的制度。企业在制定管理制度时要特别注意，企业制度不在多而在精，要使制度进入每个人的心里，为所有员工遵守，真正做到公平、公正、公开、透明。同时，“信誉是金，承诺是负债”，企业对员工的承诺一定要兑现。企业发展的关键是员工们能有效、快乐地工作。

（四）企业成本管理与企业财务管理

企业成本管理是指围绕企业所有费用的发生和产品成本的形成进行成本预测、成本计划、成本控制、成本核算、成本分析、成本考核等；企业财务管理是指对企业的财务活动，包括固定资产、流动资金、盈利等的形成、分配和使用进行管理。在企业初创之时，创始人通常会遇到这样两类问题：第一，需要投入多少资金以及形成多大的产量和销量，才可以使企业盈利；第二，在既定的资金需求金额下，自己出多少钱，再借入多少钱，能够使企业的价值最大化。解决这两个问题的过程就是企业管理者确定企业财务杠杆支点的决策过程。支点确定得好，杠杆效益就大。此外，阅读和分析财务报表是企业管理者的一项基本功。一般来说，企业陷入财务困境都非一日之事，所有迹象都清晰地呈现在财务报表上。企业管理者如果能通过阅读和分析财务报表，发现企业管理运作方面的明显缺陷，甚至发现潜在的隐患，从而及时出判断和决策，实施相应的措施，就能防患于未然。

（五）企业营销管理与商务谈判

企业营销管理是指为了实现企业或组织目标，建立和保持与目标市场之间的互利交换关系，而对设计项目进行的分析、规划、实施和控制。营销管理的实质是需求管理，即对需求的水平、时机和性质进行有效的调解。在营销管理实践中，企业通常需要预先设定一个预期的市场需求水平。然而，实际的市场需求水平可能与预期的市场需求水平并不一致。这就需要企业营销管理者针对不同的需求情况，采取不同的营销管理对策，进而有效地满足市场需求，确保企业目标的实现。

但是，营销管理到底是管什么呢？我们知道，每个人、每个企业在社会上都有生存和发展的需要，并愿意付出一定的报酬来满足其需要，于是需要就变成了需求。企业可以通过很多方式来满足需求，有自行生产、乞讨、抢夺、交换等。市场营销的出发点是通过交换满足需求。也就是说，市场营销是企业通过交换，满足自身需求的过程。企业存在的价值在于企业提供的产品能满足别人的需求，双方愿意交换。因此，需求是营销的基础，交换是满足需求的手段，两者缺一不可，营销管理就是需求管理。

进一步讲，营销管理要管什么需求呢？这个问题涉及企业的很多方面，其中主要是企业、消费者、经销商、终端及销售队伍。例如，企业最大的需求是追求可持续发展，就是可持续赚钱。企业可以短期不赢利，去扩张，去追求发展，但最终目的仍是赢利。所有的人员、资金、管理等都是企业实现可持续赚钱的手段。此外，在创业者的人际交往过程中，与人谈判的情况必不可少。要想在谈判中占据主动地位，必须要有很强的谈判能力，而出色的谈判能力源自创业者对谈判内容的准确把握能力、敏捷的思维能力、良好的口才与心理分析能力以及对谈判过程的控制能力等。

（六）企业团队管理

对一个企业而言，既需要工作细致的“内管家”、活跃的“外交家”、确定战略的“设计师”、有效执行企业决策的“工程师”，也需要具有发散性思维的“开拓者”、性格稳健的“保守派”。这些不同类型的人可分别从事技术研发、市场开拓和财务管理等。创业者需要把不同专长、不同个性的人凝聚在一起，更需要让他们在一起融洽地、愉快地工作，组成优势互补的创业团队，从而形成协同优势。

（七）创业者专业技术

创业者在工作中不需要事事精通、面面俱到，但是熟练的专业知识、精湛的专业技能是在业内游刃有余的必备条件，这些因素对从零开始的创业者来说尤其重要，如希望集团是从创业者自己的手工作坊发展起来的，宋城集团是从创业者自己的海南阳光沙滩发家的。现在的社会是人才化社会、个性化社会，想通过权力和财力领导行业人、吃行业饭是不现实的，影视演员开饭店、做生意结果却血本无归的案例比比皆是。

（八）创业者内外协调能力

创业者内外协调能力是指创业者能够妥善处理与公众（政府部门、新闻媒体、客户等）之间的关系以及能够协调下属各部门、各成员之间关系的能力。协调能力在书本上是学不到的，它实际上是一种社会实践能力，需要在实践活动中学习，不断积累和总结经验。

一般来说，可通过以下活动促进创业者协调能力的形成。一是敢于与不熟悉的人和事打交道，敢于冒险和接受挑战，敢于承担责任和压力。二是养成观察与思考的习惯。社会上存在着许多复杂的人和事，在复杂的人和事面前要多观察多思考，观察的过程实质上是调查的过程，是获取信息的过程，是掌握第一手材料的过程，观察越仔细，掌握的信息就越准确。观察是为思考做准备，观察之后必须进行思考，要做到三思而后行。三是处理好各种关系。可以说，社会活动是靠各种关系来维持的。处理好关系的最高境界是在毫无强迫的气氛里，把诚意传达给别人，使别人感应到诚意并产生共识，从而自愿接受自己的观点，即尽量做到宽以待人，严于律己，既要了解对方的立场，又要让对方了解自己的立场。

三、创业的机会寻找

在做好创业准备后，接下来的任务就是选择创业项目。面对各种报纸、杂志、网站推荐的多如牛毛的创业项目，该如何抉择呢？以默巴克为例，引入这一部分的内容。

（一）案例1：1美分垒起的大富豪

20世纪80年代末，美国斯坦福大学有一位名叫默巴克的普通学生，他利用闲暇时间承包了学生公寓的打扫工作。第一次打扫学生公寓时，默巴克从墙角、沙发缝隙、学生床铺下面扫出了许多沾满灰尘的硬币，这些硬币有1美分、2美分和5美分的。默巴克将这些硬币还给同学们时，谁都没有表现出丝毫的热情或感谢。事后，默巴克给财政部写信，反映小额硬币经常被人丢掉的事情。财政部很快就给默巴克回了信，信上说："每年有310亿美元在全国市场上流通，但其中的105亿美元正如你所反映的那样，被人随手扔到墙角和沙发缝中睡大觉去了。"看到这样的回信，如果换作一般人，也许只会发出一声感叹，但默巴克的脑子里却偏偏冒出了这样一个想法：如果能使这些硬币流通起来，利润该有多么可观！两年之后，默巴克从斯坦福大学毕业了，他很快成立了自己的"硬币之星"公司，推出了自动换币机，与一些连锁超市建立合作关系，共同经营换币业务。这样一来，顾客只要将自己手中的硬币投入换币机，机器就会自动点数，打印收条，顾客可以凭收条到超市服务台领取纸币现金，而自动换币机将收取9%的手续费。默巴克的公司在美国8900家主要连锁超市中设立了1000台换币机，最后成为纳斯达克的上市公司。默巴克也从一个一文不名的普通人，变成了万人瞩目的大富翁。企业家提示：若你心目中认为有一个创业项目可以去发展，就应该大胆地去付诸实现。而开始行动的第一步是先做资料搜集和各项准备工作。经营的根本目的是赚钱，赚钱的核心是盈利模式。

创业是发现市场需求，寻找市场机会，通过投资经营企业以满足这种需求的活动。而机会需要人们去主动发现，在茫茫的市场经济大潮中要想寻找到合适的创业机会，创业者需要具备一定的素质并掌握发现市场机会的方法。

（二）案例2：海岛卖鞋

曾经有一家美国的制鞋公司到国外去寻找市场，公司总裁派了一名推销员到非洲某个海岛上的国家，让他了解一下能否向该国卖鞋。这个推销员到非洲后给总部发回一封电报说："这里的人都习惯赤脚，不穿鞋，这里没有卖鞋的市场。"然后这名推销员就离开了那里。总裁随后又派去另一名推销员。这名推销员到非洲后也给总部发回一封电报，他在电报中说："在这里的发现让我异常兴奋，因为这里的人都是赤脚，还没有一人有鞋穿，所以这里卖鞋的市场巨大。"于是他开始在岛上卖鞋。该公司觉得情况有些蹊跷，于是派出了第三个业务员。第三个业务员到非洲待了三个星期，发回一封电报说："这里的人都不穿鞋，但有脚疾，需要鞋。不过不需要我们生产的鞋，原因是我们的鞋太窄，我们必须生产宽一些的鞋。这里的部落首领不让我们做买卖，只有向他进一些贡，才能获准在这里经营。我们需要投入大约1.5万美元，他才会开放市场……因此，我建议公司开辟这个小岛市场。"该公司董事会采纳了这位业务员的建议，并通过适宜的营销组合，最终成功地开拓了这个小岛市场。

那么，什么是创业机会呢？创业机会就是一个可以在市场环境中行得通的创意。这个创意提供的产品或服务不但能给某些人带来实际的好处和用处——他们肯买，而且他们付的价钱还可以使创业者获得利润。没人要的东西肯定不会带来创业机会，有人要但不给钱或给的钱不能令创业者获得利润的情况说明也不具有创业机会。实际上，机会无时不在，无处不在。只要用心，发现创业机会自然不难。

从问题中寻找创业机会。创业的根本目的是满足顾客的需求，而顾客的需求在没有被满足时就是问题。因此，寻找创业机会的一个重要途径是善于去发现和体会自己和他人在需求方面出现的问题或生活中存在的难处。比如，上海有一位大学毕业生发现，远在郊区的本校师生往返市区的交通十分不便，于是他创办了一家客运公司；双职工家庭没有时间照顾小孩，于是有了家庭托儿所；很多人没有时间买菜，就产生了送菜公司；等等。这些都是把问题转化为创业机会的成功案例。又如，围绕"水"就有许多创业机会，上海就有不少创业者通过加盟"都市清泉"而走上了创业之路。当然，去研发、销售净化水的技术和设备也是不错的创业机会。

（三）案例 3：从吸尘器想到的

盖伊·鲍尔弗和他的妻子朱迪正在为经营小游船船坞而苦苦挣扎。一天，鲍尔弗看到清洁工用卡车携带的吸尘器汲取下水道里的污秽，突然受到启发：能否用类似的装置把草原土拨鼠从洞里吸出来呢？牛和马常常由于将蹄子陷在草原土拨鼠的洞里而折断腿，但极难在土拨鼠的洞中捕捉到它，下毒或用夹子则会伤害别的动物，因而牧场主对它们非常头痛。鲍尔弗将他的新行业命名为“让土拨鼠走开”。他对卡车做了几处改装，包括在吸尘器里装了 3 个 6 英寸（1 英寸≈ 2.54 厘米）厚的芯。他常驾驶卡车到草原土拨鼠大批出没的地方旅行，将这种有害动物从它们的洞中吸出来，然后再放到别的地方去，每天收费 800 ~ 1 000 美元。有些机场在了解到他的服务项目后，也请他去帮忙。目前，鲍尔弗的业务已发展到 18 个州，甚至有澳大利亚人来咨询他能否吸出兔子。

创业的过程往往是实现人的爱好和梦想的过程。许多能够赚钱的事情是能够与自己的爱好相结合的，兴趣与事业是可以合为一体的。有的兴趣是与生俱来的，有的兴趣是后天养成的。不论是哪种情况，都是对潜藏在自身这个特殊个体中的某种特质的呼应，都是自身特质的外在表现。一个人如果能找到自己的兴趣，就能找到自己生命存在的形式，能够在其中流淌才智，发挥创造力，演绎生命的精彩，成就伟大事业。这样，便可以在获得莫大乐趣的过程中赚钱，在赚钱中享受自己的乐趣。仔细研究那些成功者可以发现，他们赚钱的过程往往是实现他们爱好、梦想的过程，他们赖以赚钱的东西与他们的爱好往往是同一个东西。“汽车狂人”李书福就是因为酷爱带有发动机的摩托车、汽车，所以狂热地投身其中，最终修成正果。许多人失败的原因并不是他不聪明、不努力，而是从一开始，他就不热爱所从事的事业，只是单纯地把它当成了赚钱的工具。

（四）案例 4：兴趣培养的专长

刘畅自小就特别喜欢鸽子，他养了 12 年鸽子。2001 年刘畅下岗后，他觉得自己最擅长的就是养鸽子，而大家也都爱吃鸽子，不少饭馆也都有这道菜，因此，他首先用 300 元买了 12 对种鸽，由于饲养得法，每对种鸽一年可繁殖 7 ~ 8 对幼鸽，且幼鸽 20 天就能长到 500 克。刘畅这下心里有了底气，他一口气租下了10亩（1亩≈666.7平方米）地，建起了养鸽场。他又对养鸽的饲料配方、喂水和清洁时间、防病和繁殖方法重新进行了整理，从而形成了一整套科学的养鸽方法。由于刘畅养的鸽子肉质好、服务周到、送货及时，他很快就成了上海几十家饭馆的鸽子固定供应商。

优势是所具有的强项与特长。要确定自己的优势，首先是与别人进行比较，自己有而别人没有，自己很突出而别人很一般；其次是自己与自己比较，自己能够做好的事情中哪件是自己最擅长的。发现优势是对以往生活积累的审视。想一想，在过去的生命历程中形成了哪些技能，沉淀了哪些知识，现在可以使用和支配的资源有哪些。这些技能、知识和资源中的哪些可以转化为市场价值。当然，如果能将这些技能、知识、资源集中到某一点上，那是最好不过了，可以借此寻求快速突破。

（五）案例5：张强的创业思考

辞职后，张强终于下定决心开始自己创业。那么，做什么呢？张强想得最多的是，与大多数人相比，自己有什么强项和资源？张强仔细回顾了一遍自己这些年所走过的历程，自己大学学的是管理专业，毕业两年后又读了工商管理硕士（MBA），接下来在一家培训公司做管理培训。在这期间，自己还参加了外国的讲师训练，掌握了目前最先进的体验式教学方法。另外，由于讲课的缘故，自己还结识了一批客户，大家的关系都很好。算起来，积累这些“家底”也用了十年时间了。这难道这不是自己的优势吗？只是张强还从来没有单独干过。下定决心后，张强给自己设定了一个半年的准备期，在这期间，他以独立讲师的身份去为一些企业做培训，不错的效果让他信心大增。半年后，张强成立了自己的公司，他根据客户的要求开发和调整了公司的课程，把四个“实”作为公司的宗旨：从实际出发——根据市场实际需求开设课程；以实用为本——以管理技能训练为主；以实战求知——坚持采用体验式教学方式；以实惠共赢——价格合理，让客户感到物有所值。

古语云：“读万卷书，行万里路。”意思是说，一个人只有多读书、多实践，才会有过人的胆识、开阔的眼界、高明的想法。

（六）案例6：书本中掘出来的商机

李伟接手了一个花棚，但花棚里的花都是些“老弱病残”的吊兰，低于成本价卖都没人要。要想使花棚起死回生，没有点新鲜货怎么行？为了开发出吊兰的新品种，李伟在图书馆查阅了有关吊兰的大量资料。了解到吊兰是十分喜水的植物，即使是生长在清水里也能活得很好，李伟的脑子里有了灵感：我何不试试卖养在水里的吊兰呢？李伟当即把一些已经栽好的吊兰都拔出了花盆，装入盛有清水的可乐瓶中进行观察。两个星期过去了，吊兰生长得依旧很好，而且没有了泥土的吊兰看上去格外清新。李伟将这些水培吊兰拿到市场上去碰运气，结果几个年轻姑娘你一瓶、我一瓶地一下子就买走了6瓶。不到半个小时，30瓶水培吊兰便被抢购一空。

很多事粗看上去好像杂乱无章、毫无头绪，但是，只要我们静下心来，慢慢地抽丝剥茧，就能看清其本来面目。同样，面对纷繁复杂的需求、商品和创业项目，只要我们冷静观察、仔细思索，好项目自然会浮出水面。

什么是闲置资源？所谓闲置资源是指暂时没有被使用的东西。这样的东西有很多，典型的如垃圾、边角余料、空余时间等。这些东西都有一个共同特点，那就是处于闲置状态，对人们没有产生效用，甚至还会产生危害。一种东西被闲置，可能是因为这种资源的价值没有被认识，也可能是这种资源的使用价值达不到商业化要求，还有可能是人们因思维习惯忽视了这种资源。

闲置的资源主要有以下几种。第一种：长期没有被利用的东西，表现为长期无人过问，比如废弃的矿山、电梯门口的墙壁。第二种：暂时没有被利用的东西，比如征地后尚未开始建设的空闲场地。第三种：周期性闲置的东西，比如受自然季节周期影响的资源——假期中闲置的学校教室。第四种：不能完整利用的东西，比如零散的时间、空余的场地。第五种：存在负效应的东西，比如垃圾、污染物。由于闲置资源的获取成本很低，因此善于发现和利用闲置资源可能会取得意想不到的效果。

首先，能大幅降低成本。闲置资源是一种没有价格或者低价格的资源，其获得成本极低，有时还可能因为使用这种资源而产生收益，如收取排污费或者某种补贴。很多企业就是因为使用了闲置资源而获得成功的。比如，看到风能没有被利用，人们想到了利用风能发电。低成本优势可以让企业利润增加，也可以大幅提升企业的市场竞争力。

其次，可以形成一些特殊的优势。企业的市场实力往往来自对关键资源的控制，而在资源价值已经为人们所认识后，控制资源的机会便几乎已经没有了。因此，要用自己的知识去认识闲置资源，在人们还没有认识到这种资源的价值时，先下手为强。比如，日本有意识地回收电子垃圾，建立“城市矿山”。

下面列举了一些有可能发现价值的闲置资源的类型，供大家参考。第一种：数据资源，如名片、老字号、气候信息、老顾客数据。第二种：空间资源，如季节性闲置房屋、太空资源。第三种：人力资源，如在校大学生、退休专家。第四种：技术资源，如国内外过期专利。第五种：产品资源，如产品功能在使用过程中的深入开发，如利用短信构建的各种平台。第六种：资金资源，如储蓄、社会保障和保险金。第七种：景观资源，如校园景观、拍摄基地。第八种：文化资源，如民歌、习俗。第九种：历史资源，如家传烹制秘方。第十种：垃圾资源，如各种副产品、垃圾。第十一种：时间资源，如等待时、睡前、乘车时、会前的零散时间。第十二种：品牌资源，如商誉、声誉、影响力。第十三种：社会网络资源，如同乡、战友、同学。第十四种：事件资源，如突发事件的影响、纪念日。

通过上文的研究可见，大部分创业行为都来自绝佳的创业机会，但是，如何才能知道自己的创业机会是否适合自己以及是否具有发展前景呢？我们都知道，几乎九成以上的创业梦想最后都会落空。事实上，创业成功的概率不到 1%。成功与失败之间，除了不可控制的机会、运气因素，显然还有许多创业行为在开始的时候，就已经注定未来可能失败的命运。因此，在创业之前一定要慎之又慎，尽量做到谨慎评估好成功率与创业风险之后再下手。

四、创业研究的发展

几十年来，创业研究已经取得了巨大进展，表现为文献数量的指数型增长、创业研究的子领域逐渐出现以及创业研究地域分布全球化等特征。然而，随着创业研究的发展，学者们对于创业研究作为独特领域的合法性问题一直争论不休。

从概念体系来看，许多学者认为以机会为核心的创业研究能够成为一个独特领域，并且他们通过文献计量学的方法证明创业研究的主题已经呈现聚合的趋势，这表明创业作为独特领域已经趋于成熟。而从研究框架来看，许多学者指出创业研究仍是碎片化的，缺乏一个系统的研究框架，从而阻碍了创业作为一个独特领域的合法地位。

（一）第一阶段（1959—1989 年）——创业者特征

早期创业研究主要关注创业者特征这一主题。从熊彼特认为创业者是一小部分具有独特特征的人开始，许多学者从创业者的特质角度对“创业者是谁”这一问题展开了激烈的讨论，形成了创业特质理论学派。基于特质理论的解释逻辑，早期研究主要聚焦于创业者与非创业者的区别以及创业者心理特征的作用机理两个方面。

具体而言，一方面，特质理论假设创业者与非创业者具有不同的心理特征，成功的创业者与不成功的创业者的心理特征也存在差异，基于这一假设，学者们主要从责任感、风险倾向、独立性等特质的角度对创业者与管理者、成功创业者与不成功创业者进行区分；另一方面，特质理论强调特质作为一种心理状态，能够激活和引导个体行为，基于这一假设，学者们探讨了影响企业战略和企业绩效的创业者心理特征。

早期的特质研究将创业选择归因于创业者的特质，而忽略了创业机会这一因素。一方面，由于对创业者特质的关注采用的是均衡模型思想，直接导致了对创业机会的忽略。在均衡模型中，市场参与者拥有全部信息并且能够很好地预测市场其他参与者的走向。当出现短暂的供需不平衡时，所有的市场参与者都能迅速感知并立即调整行为以达到均衡状态。因此，在创业者特质研究中，机会在人群中随机分布或不存在，个体是否会成为创业者完全取决于其个体特征。另一方面，由于该时期的特质研究忽略了创业情境的作用，间接导致了其与创业机会研究的分离。特质理论强调创业者是一群具有特定心理特征的人，这种心理特征是一种相对稳定的心理状态，在不同情境下仍表现出相似的特点。由此可看出，该时期的特质研究未考虑创业选择中的情境变化对创业者的影响，而情境变化是创业机会的来源，外部制度、技术和市场变革等均能导致大量创业机会的出现。特质研究由于忽略了对情境的关注，从而间接导致了对创业机会的忽略。

综上所述，早期的创业研究主要体现出两方面的特征：首先，从研究主题来看，过度考虑创业者的个体特征，而忽略了对创业机会的关注；其次，从理论局限来看，尽管特质理论解释了创业者心理特征在创业中的重要作用，但是由于其假定在不同情境下创业者特质具有稳定的状态，因此无法回答为什么在一些情境下个体成为创业者而在其他情境下不能成为创业者的问题。

（二）第二阶段（1990—1999年）——创业战略

20世纪90年代，许多新的研究主题出现，如创业机会、创业网络等，是创业领域从个体创业者研究转向组织创业过程研究的开始。由于早期的特质研究没有取得一致的研究结果，并且特质理论在解释创业现象时存在局限性，许多学者开始超越特质研究转向过程和情境化的研究。该时期学者们对创业者特质研究的兴趣逐渐下降，创业战略研究逐渐增多并成为这一阶段研究的主题。针对这一主题，学者们主要围绕以下两方面开展了积极的探索。

一是战略选择相关研究。企业为获取竞争优势，会及时调整和优化自身战略以达到战略和资源及机会的匹配。在该时期，学者们对多种战略选择行为进行了探讨，包括国际化战略、差异化战略和多元化战略等。由于这些战略选择行为本质上是实现机会开发的手段，因此一些学者从机会开发角度探讨了企业战略选择的重要性。研究表明，企业战略选择行为往往随着资源和知识的不断积累而不断增加，这有助于企业识别和新机会利用。

二是创业导向相关研究。创业导向研究经历了长期的发展，其概念发展经历了从“企业战略类型”到“企业战略态势”最终形成“创业导向”概念的过程。在创业导向研究中，创业导向与企业绩效之间的关系已经具有广泛的学术接受度，现阶段的许多研究探讨了相关因素对创业导向与企业绩效关系的调节作用，或是在新的情境或主体中进一步验证了这种关系，如新兴经济地区、非营利性组织。具体而言，创业导向具有三个维度：创新性、主动性和风险承担性。具有创新性的企业能够在不断进行实验的过程中创造性地产生新想法，有利于企业识别和利用新机会，促使企业获取竞争优势；同时，具有主动性和冒险性的企业能够在不确定情境下预测市场未来的需求，能够先于竞争对手识别和利用机会，迅速抢占市场，通过控制分销渠道和建立品牌认知度控制市场，以达到获得高额回报的目的。

在创业战略研究中，尤其是战略选择相关研究中，主要应使用组织学习理论。组织学习理论强调战略是一个应急的、非计划的过程。在战略选择的相关研究中，研究者强调在外部环境发生变革的情况下，企业战略制定和执行中的组织学习过程有利于促进企业竞争优势的提升。然而，组织学习理论强调在对过去经验、知识进行反思的基础上指导行动，以适应不断变化的内外部环境，从而保持可持续竞争优势。但当今技术变革的速度越来越快，并且呈现出非连续性和颠覆性的特点，导致过去经验和技术变革越来越不相关。同时，面对机会窗口的快速变化，企业可能没有时间总结和反思过去的经验。因此，当企业利用新技术进行创造型机会开发时，尤其对于新企业来说，没有过去的知识、经验可以借鉴，通过组织学习理论解释该背景下的战略制定过程存在局限性。

综上所述，第二阶段的创业研究主要体现出两方面特征：第一，从研究主题来看，部分研究开始从机会角度探讨企业战略与产出的关系；第二，从理论局限来看，尽管组织学习理论解释了战略形成的过程，但是无法回答面对创造型机会，企业应如何将战略与机会进行匹配的问题。

（三）第三阶段（2000—2009 年）——创业资源

该时期的创业研究主要关注“创业资源”，学者们关于创业资源的研究主要围绕资源类型和资源开发过程两方面展开。一方面，资源类型研究关注企业所具备的不同类型资源的重要性，强调不同类型资源如人力资本、社会资本等与机会开发以及与新企业绩效的关系等；另一方面，资源开发过程研究强调创业者构建资源过程的重要性，尤其关注资源获取的作用。

资源类型研究主要关注创业者 / 企业不同类型的初始资源禀赋与机会开发以及与企业绩效的关系。第一，关注企业所具备的人力资本、社会资本等资源对企业绩效的影响。无论是以知识、经验为核心的人力资本，还是强调关系的社会资本，均根据企业结构、发展阶段等属性的不同呈现出异质性，这种异质性资源能够帮助企业有效制定和实施战略，从而使其获得更高的绩效。第二，在机会开发的研究中，主要关注创业者先前经验知识、社会网络等资源对机会开发的影响。研究表明，资源是实现机会开发的基础保障。创业者或企业的先前经验、社会网络等资源因特定的历史背景因素等表现出不同的难以模仿性和难以替代性，这些异质性资源能够帮助其聚焦在特定的领域进行信息搜索，并且以更有效的方式对信息进行加工，从而识别更多的机会。同时，这些异质性资源能够帮助企业克服外部环境的不确定性，促进企业有效利用机会，进而帮助其实现新产品或新服务的价值。

在资源开发过程相关研究阶段，资源获取是学者们最为关注的资源开发环节。一方面，关注性别、声誉和关系资源等因素对资源获取的影响；另一方面，关注资源获取对机会开发以及对新企业绩效的作用机理。其中，资源获取对机会开发影响的研究强调通过与利益相关者建立网络关系或通过组织学习等方式，创业者或企业能够获得识别和评估机会所需要的市场和政策等信息资源以及利用机会所需要的技术和管理实践等知识资源。资源获取对企业绩效影响的研究表明，知识、信息等资源的获取能够丰富企业资源池，提高新产品开发效率及获得利益相关者的支持，进而提高企业绩效。

该阶段的创业资源研究主要应用资源基础观。经历了几十年的发展，资源基础观已经从新兴理论发展成为战略管理、创业领域中最为重要的理论之一，资源基础观的假设和边界也在不断被学者们扩展。然而，资源基础观强调在可预测环境下资源对获取竞争优势的作用，即强调在开发发现型机会的情况下资源的作用，但是在开发创造型机会的情况下，环境以不确定性和不可预测性为特点，以创造型机会为基础的新技术和新市场的出现可能会使原来具有较高价值的资源很快被淘汰，其价值大幅度降低，因而在此背景下资源基础观就受到了挑战。

综上所述，该时期的创业研究主要体现出两方面特征：第一，从研究主题来看，多数研究开始关注资源和机会的关系，这表明创业资源主题与创业机会主题的关系越来越密切；第二，从理论局限来看，尽管资源基础观能够解释资源在发现型机会开发中的作用，但是无法解释在创造型机会开发情况下，资源如何帮助企业获得持续竞争优势的问题。

（四）第四阶段（2010 年至今）——创业情境

该时期的创业研究主要关注创业情境。创业情境是创业开展过程中所涉及的一切与制度、文化、经济等相关的环境因素，这些环境因素直接或间接地影响着创业活动的开展。创业情境研究主要围绕创业情境与创业机会的关系、创业情境与创业资源的关系两方面展开。

创业情境与创业机会的关系主要关注制度和市场对机会开发的影响，包括政府规章、知识产权保护、市场规模和行业密度等。一方面，情境是创业机会的来源，市场供求和政策法规的变化往往蕴含着大量的机会，但由于信息的不对称性以及创业者的个体差异等，仅有一部分人能识别并利用机会。另一方面，创业者需要为其开发的新产品和新服务寻求合法性以证明其创业活动的价值。创业情境如政策激励、客户需求等向创业者及其他利益相关者传递了机会具有可行性和吸引力的积极信息，有助于提高创业机会的认知合法性。

创业情境与创业资源的关系尤其关注制度情境对资源获取的影响，包括政策支持、制度或市场逻辑等。研究表明，在没有地方政府支持的情况下，企业在获取资源时可能会面临合法性问题，因此企业不得不寻找替代方式来调动资源。

该阶段对于创业情境的研究主要应用制度理论。制度理论主要来源于经济学和社会学这两个研究学派。其中，经济学视角的制度理论将治理机制和规则体系作为主要驱动力，强调制度结构和规则体系决定了整个社会的博弈规则，这些正式的或非正式的规则减少了交易和生产成本，从而影响企业行为和绩效。社会学视角的制度理论则将在不确定性情境下获得合法性和稳定性作为主要驱动力，强调个体或组织通过提供满足社会价值、规范和期望的行为获取合法性和其他资源，进而促进其行为和绩效的良性发展。根据制度理论的假设，学者们对情境与机会、情境与资源的关系做出了解释。一方面，利用正式或非正式制度定义机会的价值，为机会贴上“合法与否”的标签，进而达到激励或约束创业活动的目的；另一方面，遵守或违反监管能够使机会更具吸引力或更具风险，进而影响企业从外部获取资源的行为。

综上所述，该时期的创业研究主要体现出两方面特征：一方面，从研究主题来看，该时期研究主要关注创业情境与机会的关系，这表明创业情境主题与机会产生了密切联系；另一方面，从理论局限来看，制度理论强调在同一组织场域内制度对组织行为的影响，即同一组织场域为组织及其利益相关者提供相同的制度环境和行业规范，参与者在其中共同遵守制度环境的要求。因此，制度理论仅能解释在同一组织场域内的组织行为，但是不能清晰地揭示在制度环境具有相互矛盾性、多面性和差异性的条件下，企业如何开发机会的问题。

通过对以上四个阶段创业研究的发展情况的分析发现：从研究主题看，创业研究主题从早期忽略机会的作用到第二阶段开始关注战略与创业机会的关系，再到第三阶段和第四阶段资源和情境与机会的关系越来越密切，表明机会研究逐渐由创业研究的边缘向创业的舞台中心转变，将机会作为创业领域的核心逐渐具有合法性；从创业理论看，尽管各个阶段的主要理论对创业研究的发展都具有重要贡献，但是在解释机会问题时仍存在局限性。

第二节　大学生创业

一、大学生创业的内涵

21 世纪是一个充满机遇与挑战的时代，知识经济对现代社会发展正在发挥着越来越重要的作用。知识经济是以现代高新技术为主导的经济，其本质是创新。

知识经济发展的这一特点要求掌握现代科学技术和富有创新精神的年轻大学生担起创业的历史责任。关于大学生创业，一般论述为大学生自主创业。有学者认为，大学生创业者泛指接受过高等教育的创业者，包括在校大学生和已经毕业的大学生。知识经济的资源特征为大学生创业提供了资源优势，而目前我国知识产业的发展程度仍然很低，迫切需要具有丰富知识、先进技术、创新意识的大学生加入。

在知识经济社会，知识、信息已取代原材料、资本和劳动力成为最重要的资源，受过高等教育的大学生具有创业的资源优势。因此，大学生依靠自身所具备的知识、技能以及人脉资源创办企业，实现个人价值是新时代的呼唤。

总之，每一个时代发展的核心推动力都是人才。知识经济影响着中国，也孕育着一个创业的时代，需要敢于奋起直追的人，需要通过创业英雄的引领和示范作用推动社会上一些观念和意识的改变，推动社会经济的更进一步发展。对于大学生而言，要积极适应时代的发展需要，响应社会变革的召唤。

大学生创业既是一个机会识别过程，又是一个企业相关要素的创新过程，只是机会识别和创新的主体是大学生。也就是说，大学生作为创业群体，必须满足一般创业者的属性，同时体现大学生创业群体的特点。在综合相关流派和观点的基础上，作为创业活动主体的大学生必须是市场机会的发现者、市场开发的开拓者、市场风险的承担者三者的集合。但如何界定大学生又是个问题，相关法规和制度并没有对“大学生”做出明确的界定，如有的地方文件将“大学生”限定为高等院校在读和毕业未超过两年的大学生，有的文件则把大学生限定为普通高校在校生及毕业五年内的全国普通高校毕业生。综合国内的主流观点，在此将“大学生创业”的主体定为具有学籍的高等学校在读学生和毕业五年内从事创业的毕业生。而将“大学生创业”界定为具有学籍的高等学校在读学生、毕业五年内的大专及以上学历人员通过发现和捕捉机会建立新组织，创造新颖产品或服务，进而实现其经济与社会价值的过程。

二、大学生创业的模式

创业模式是一般性和特殊性的有机统一。因为创业教育是“舶来品”，且正处在纵深推广的发展阶段，所以出现了各高校创业教育千篇一律的现象。其流弊在于仅看到了创业教育的一般性，没有看到特殊性。

各高校办学定位、主要任务、学情和教育设施资源均不相同，必须考虑创业教育的“本土化”。为此，大学的创业教育模式不能千篇一律，必须在坚持创业教育一般模式的同时，结合各自的校情，探索本土化的大学生创业教育模式。

（一）研究型大学创业教育模式

研究型大学属于前沿性高等学府。从办学的价值取向看，其是创新性、知识普及性、生产性和应用性多元共举的大学；从教育目标定位看，其是培养高层科研人才和各级管理精英的大学；从办学功能看，其是对经济建设、社会发展、科教文卫事业进步、国家安全稳定发挥支柱作用的大学。因此，研究型大学创业教育模式应从以下方面思考本土化定位。一是在人才的价值取向上，侧重培养高层次的创业与创业型人才。我国研究型大学在师资、生源、实验室等硬件设施上是一流的，在教学科研等软件设施上也属前沿。凡此种种，要求研究型大学创业教育理应以培养各界创新型创业与创业型精英为己任，引领社会经济和文化又好又快发展。二是在课程设计上，应力图使创业课程系统化、专业化和规范化。从国外和国内相关的实践看，创业教育课程设置应坚持学科交叉原则、理论联系实际原则和实践第一原则，实施课程的结构优化设计，夯实基础知识结构，拓展学生理论联系实际的知识迁移能力和问题处理能力。三是在培养的方法上，在坚持教学与科研相统一原则的前提下，坚持以学生为本和因材施教的原则，充分考虑学生的个性、兴趣、爱好、能力、特长的差异，设计多元化、单元化和层次化的教学内容。同时，结合研究型大学承担科研项目多、科研成果层次和转化比例高的特点为学生的创业素质培养提供良好的条件。

（二）教学型大学创业教育模式

教学型大学是我国高等教育机构的主体，它范围面广、层次和类型多，是培养应用型创业人才的主力军。与研究型与服务型大学相比所不同的是，它具有鲜明的办学定位，主要表现在以下几个方面：一是在办学层次上，以本科为主体，以研究生教育为辅助；二是在人才培养目标上，以培养应用型和复合型人才为主体，以培养研究型人才为辅助；三是在服务社会方面，以服务地方经济为主。因此，教学型大学创业教育模式本土化的方向大致如下：第一，在开设的课程上，要优化课程设置，淡化专业界限，增加创业教育的相关课程，拓展学生知识广度，广泛开展通识教育，培养复合型、实用型的创业型人才。第二，在教育目标的价值取向上，教学型大学要结合自身的办学特色和优势资源，根据地方经济发展的要求，培养一大批可为地方经济社会发展做出贡献的创业型人才，防止千篇一律。第三，在培养方式上，要将课堂教学、实践教学和科学研究贯穿整合，突出实践环节，综合提高大学生了解社会、适应社会的能力和创新、创业的能力。

（三）服务型大学创业教育模式

服务型大学是目前我国高校数量最多、招生人数最多的一类高校。整体上看，服务型大学创业教育模式的构建应具有以下特色。首先，在课程设置上，要从发展的角度思考问题，着力培养基本知识结构、基本价值观认同和基本实践技能，构建公共课程、专业基础课程、专业课程和创业教育特色课程四位一体的课程结构，形成适应创业型人才培养要求的新课程体系。其次，在教学目标的价值取向上，服务型大学要围绕创业这条红线，着力培养学生的创业精神和创业能力，进而扩散并辐射到德、智、体、美、劳等方面的全面素质塑造，以多方位和多种形式的学习、实践和指导使学生成为基本符合要求的创业型人才。最后，在培养的方法上，要建设专业实践基地，加强创业实践训练；要通过对学生专业技术的传授与训练，使学生成为掌握一技之长的创业型人才。

第三节　创业教育

“创业教育是培养人的创业意识、创业思维、创业技能等各种创业综合素质，并最终使被教育者具有一定的创业能力的教育。”[1] 创业教育被联合国教科文组织称为教育的“第三本护照”，被赋予了与学术教育、职业教育同等重要的地位。

近年来，各高校在加强专业教育的同时，不断更新教学理念，转变教育思想，利用学生的主观能动性、创造性、创新性来提高学生的实践创新能力，不断改革人才培养模式、授课方式以及教学计划，积极推进各高校创新创业教育工作，提高人才培养质量。但就目前高校创业教育和大学生创业的现状和形势看，创业教育仍然不够完善，还没有形成比较成熟的、系统的创新、创业教育模式，高校创新、创业教育还存在诸多不足，如创新创业教育的定位仅局限于创新创业表面工作，实施规程不够完善，没有融入学校整体育人体系中。因此，加强大学生创新创业教育具有一定的价值和意义。

一、创业教育相关内容

（一）创业教育的内涵

创业是一种探索性行为，是人本质力量的展示与主体性的实现，是一种由必然王国向自由王国的发展。

1989 年 11 月，“面向 21 世纪教育”国际研讨会在北京召开，会上发表的会议报告《学会关心世纪的教育》第一次正式提出了“创业教育”的概念。但是，在对近几年创业教育相关文献的研究中发现，由于不同学者的研究背景、研究方向和研究目标不同，对创业教育的定义始终没有完全统一。有人提出，创业是当代大学生的历史使命，创业和就业是高等教育的出发点和落脚点。也有人提出，创业教育是一种素质教育。现实中人们一说创业，往往想到创建一个新企业，这是中国创业教育面临的最大障碍。之后，联合国教

1 张涛 . 创业教育 [M]. 北京：机械工业出版社，2007：68.

科文组织还于 1995 年在其发表的《关于高等教育的变革与发展的政策性文件》中阐述了完整的创业教育的概念，内容包括“求职”和“创造新的就业岗位”。1998 年，在巴黎召开了首次世界高等教育会议，会议上发表的《高等教育改革和发展的优先行动框架》指出“高等教育必须将创业技能和创业精神作为基本目标”。这次会议进一步诠释了开展创业教育的重要性。[1]

一些学者认为，创业教育的根本目标是解决国家的就业问题。早在创业教育的研究初期就有学者认为，大学里开展创业教育就是要使学生树立创业意识、创业精神，掌握创业的本领、方法，培养学生克服困难、承担风险的心理、意志和实干精神，使学生能够适应各种社会环境，成为一个智者、强者，毕业以后能够大胆地走向社会自我创业。[2]

另有学者认为，创业教育既要兼顾学生的创业知识培养，又应该兼顾学生创业技能的提升，因此提出了有关创业教育的综合式说法。例如，上海交通大学在为学生提供创业教育时就是典型的“综合式创业教育”，其强调在教授学生专业知识的同时，注重培养学生与创业相关的基本素质，并为学生提供创业所需的资金和技术咨询。

综上所述，这些定义在对创业教育进行定位时往往具备三个重要的因素，即创业技能、创业能力和创业素质。高校在对大学生实行创业教育的过程中主要通过这三个重要的因素激发大学生的创业意识和创业潜能。

创业教育作为培养创业者的教育活动，其内核必然关注人的本质力量的培育和主体性的塑造。将人的自由与全面发展作为其核心的价值观，这是创业教育的义理所在。综合来看，创业教育的内容包含以下几方面。

（1）创业精神学。感性的创业冲动、知性的创业认知、理性的创业理念的逻辑演进与多维建构；创业哲理、创业伦理、创业心理的释说与体系，以及三者之间的关联性与互补性。

（2）创业知识论。创业经济学、创业管理学、创业环境学、创业人才学、创业法学的学术性、伦理性、实用性与协调性。

（3）创业实践论。创业主体的行为规律与创业实务。

（4）创业意识。创业意识是创业者的驱动系统，是大学生创业者的内在驱动力。在创业实践活动中，个体表现出来的个性意识倾向对个体的行为起

---

1 李春琴．中国创业教育十年研究回顾与展望 [J]. 社会科学战线，2010（9）：199-203.

2 张科伟．关于大学生创业教育的思考 [J]. 科技信息，2011（15）：305-312.

动力作用。李英、韦嘉等通过研究发现，创业意识强烈的大学生的创业态度更加明确，创业发生的可能性更大。

（二）创业意识的内涵

创业意识是创业教育得以产生实际作用的重要因素。虽然我国的高校实施了创业教育，但是校内既有的政策、措施、教学管理制度等与创业教育实践缺乏衔接和配套。

一方面，创业意识的产生并不普遍。由于创业教育活动载体少，创业计划大赛活动时间短，参加学生少，“精英化”倾向严重，学生社团活动内容很少涉及创业教育。同时，学校在宣传毕业生典型时，常常把在工资性工作岗位中取得优异成绩者，如优秀工作者、政府官员作为典型，很少把自主创业成功的毕业生作为学生学习的榜样，致使校园创业文化氛围不浓。

另一方面，大学生创业很少脱离校园，他们有着学习意识、自立意识，但难以真正投入社会中去。这些创业者迫切想通过社会来成功创业，却又不愿真正脱离校园，这就使大学生的创业意识过于零散，不能形成较为广泛的创业环境。因此，对于创业意识的塑造尤为重要。

创业意识主要包括创业需求、创业动机、创业兴趣、创业愿景这四个方面的因素。

创业意识源于创业需求。当创业者对自身处境及现状不满时，会对现有条件提出新的要求，这就是创业者展开创业活动的最初诱因。

创业动机是事物发生与发展的内因，先有了创业动机才会有创业行为，而创业活动离不开一定的指向。

创业兴趣不仅可以激活大学生创业的激情和意志，还对整个创业活动有一定的认识指向性。

创业理想是创业意识的核心，属于职业理想，是人生理想的一部分，是对未来创业活动及目标坚定追求的一种心理品质。

（三）创业意识的激发

作为创业的新人，大学生一定要勇于突破自身在年龄、性别、职业、环境等诸多方面的客观局限性，不断学习新知识、新技能、新经验，不断完善自我，提升自我、勇于创新、敢于创业，激发创业意识。在日常社会实践中，大学生要善于观察、勤于思考，提高自身的创业素质和创业能力。

（1）高校在开设创业课程、提高学生创业技能之外，还应注重创业心理学、教育学等相关学科的建立。在学生创业过程中，高校应给予高度重视，并不断鼓励学生积极探索、尝试创业路径，摸着石头过河，使其在实践中积累丰富的创业经验，增强创业信心。除此之外，创业成功离不开良好的心理素质。由于创业本身有一部分是创新，且具有一定的风险，因此必须调动学生的非智力因素，如勇气、胆识，充分激发他们的潜能，提高创业成功的可能性。

习惯了象牙塔里生活的大学生应该尽早走入社会，抓住一切可能的机会锤炼自己的心理素质和毅力，最终形成坚韧不拔的顽强毅力和处之泰然的处事态度。创业教育的前提和关键是培养学生良好的心理素质。因此，要有的放矢地对学生进行良好创业品质的训练。我们现在所处的社会是一个开放、竞争的社会，这就需要年轻人具备敢想、敢做、敢闯、敢冒险的大无畏精神，不墨守成规、敢于展示自我、完善自我的挑战精神以及胜不骄、败不馁的坚强心理素质。

由于自主创业极其富有挑战性，它往往没有案例可循，同时是相当艰难的，对学生综合素质尤其是心理素质是严峻的考验。一个涉世未深、刚刚离开校园步入社会的大学生在创业路上将面对比旁人更多的困难和挫折。因此，高校非常有必要开设创业心理学课程，让学生了解自己的心理，加强心理训练，挖掘心理潜能，形成良好的心理品质。

（2）高校应强化创业实践团队合作，重视校园创业合作平台建设。根据计划行为理论的理论框架，大学生创业意向的分析结果表明，创业主观规范对大学生创业意向有正向显著影响，作为创业主观规范主要内容之一的个体外在评价感知影响大学生创业合作意向。

如果拟进行合作的对方对自己的创业比较认可，并认为成功的可能性较高，则会愿意合作；如果拟进行合作的对方认为自己的创业失败可能性较高，对其持否定态度，则不会愿意继续合作。该研究表明，能否与合作方开展正常、良好的合作是决定创业是否成功的重要环节。

因此，高校在对创业指导教师进行专业化培训时，要鼓励教师引导学生创建创业团队，加强团队之间的互相研讨和交流合作，积累和丰富创业实践经验，理性处理团队合作过程中出现的问题和分歧，领会团队合作精神的真正内涵。

这种合作精神摒弃了“团队成员必须听从某个人的意见”的成就观念，而是更加开放和与时俱进地提出要求同存异，要和与自己持不同意见的人合作，即在创业过程中，要有意识地引导学生乐于接受不同的意见和观点，说服学生敢于和有不同意见的人进行沟通、交流、合作，这样不但会使学生心胸开阔，沟通能力提高，而且能够锻炼学生妥善处理矛盾的能力。很多时候，对于创业者来说，千篇一律往往意味着团队没有活力，而百家争鸣往往会迸发出创新的火花。因此，创业者必须学会求同存异，最终实现百花齐放和百家争鸣。只有这样，才能充分地激发每一个团队成员的潜能，不断地为团队注入新理念、新思路、新动力，切实提高创业成功的概率。

（3）组建具有专业背景的高素质创业教育师资队伍。在培养学生创业意识的过程中，具有专业背景的高素质创业师资队伍是必不可少的，包括理论的创业指导教师、实践方面的创业指导教师，还有通过各种社会资源聘请的具有企业家实战背景的创业咨询师或创业成功者等外部师资。

目前，在高校中为学生讲授创业知识、传授创业经验的教师绝大多数是具有理论基础却没有实战背景的教师，或者是兼任行政职务的教师，这种经过短期创业培训后迅速上岗的创业指导教师往往不能给学生带来深刻的创业教育。

基于此，高校应从培养学生创业意识的长远目标综合考虑，建设一支具有专业背景的高素质创业教育师资队伍。目前，越来越多的高校把目光聚集到如何组建一支高效率、高素质的创业师资团队上，以期提高创业教育的质量。比如，国内某些高校利用自身的社会影响力，邀请商界知名人士来校给学生宣讲他们成功的经验。又如，邀请创业成功的校友来校给正在创业中迷茫的学生讲自己的创业之路，以期给学生一盏明灯，带领他们走出困境，踏上成功之路。

但这种做法也存在一定的弊端：一方面是这种做法没有形成长效机制；另一方面是某些成功人士在创业之路上积累的经验可能与学生所要答疑解惑的问题有一定的差距。要解决这类问题，可以搭建面向全国的创业资源网络共享平台，对各个高校公布具有丰富实战经验的创业者或企业家等社会资源，在这种情况下，学校可以自行选择合适的指导教师，最大限度地实现社会师资的优化配置。

要敢于追求理想，发现机遇，把握机遇。成功的创业者，尤其是大学生创业者，应该是善于发现机遇的人，敢于将理想提炼、优化，将理想与创业融为一体，将创业凝聚为一生的热爱和追求，有勇气、有信心战胜创业道路上的各种艰难险阻，把握创业机遇，激发创业意识。同时，要树立正确的核心价值观，形成科学的创业理念。现代大学生所处的社会环境十分复杂，创业环境也错综复杂，大学生创业者必须坚定信念，树立社会主义核心价值观，相信付出就有回报，为自己及其团队确定正确的价值观，激发创业意识，确立科学创业理念。另外，还要勇于打破常规，不断创新，不断创造。大学生创业者由于自身经历、素质以及所选择的行业、领域不同，在创业过程中遇到的困难也不尽相同。任何形式的创业都是一种探索，因人、因时、因地而异。大学生创业者要勇于突破常规，不断创新、创造，因为离开了创新和创造，创业就不复存在。只有激发创业意识，不断创造出新成果，才能在当今社会激烈的竞争中拥有一席之地。

（四）创业意识的群体差异

不同群体的大学生的创业意识在各维度上具有差异性，如在性别方面，男生在创业行为态度、创业主观规范方面的得分明显比女生更高；在年级方面，大四学生在创业意识各维度上的得分明显低于其他三个年级的学生，大二学生则在创业意识各维度上达到了顶峰。

1. 不同性别创业意识的差异

具体来看，男女生的总体创业意识在创业行为态度和创业主观规范上存在显著差异，女生在创业行为态度和创业主观规范方面的得分均低于男生，其原因与社会对女性的性别角色定位有关。

从整体上看，女性的创业行为不如男性被社会认可，因此女性的创业态度和创业主观规范比男性更为消极。有研究显示，现阶段，有创业意向的女生占总体有创业意向人群的 40% 以上，可以说这个比例还是比较高的，但是在女性群体中，创业成功的人数只占所有创业成功人群的 10% 左右。究其原因，一方面，在以往的创业教育中，学校在创业课程设置时对男女生生理和性格方面的差异缺乏足够的重视，在缺乏女生创业教育的特色理论研究的同时，缺少针对女生特点的创业教材支持，对男女生基本都设置了无差别的创业课程和创业实践活动；另一方面，女生和男生相比，性格更为细腻，容易忽视对独立解决问题的能力、实际操作能力和抗压能力等多方面能力的培养。

但是，不同性别在创业知觉行为控制上未存在显著差异，这说明女生也可能存在和男生相似的创业知觉行为控制。

2. 不同年级创业意识的差异

对大学生的调查表明，在创业行为态度和创业主观规范方面，大二学生最为显著，随着年级的增加逐渐降低。也有研究表明，学生的创业意识在大二和大三逐渐提高，在大四降到最低点。因此，大二到大三阶段是学生创业意识发展的关键时期。这个阶段，学生已经基本适应大学的学习和生活，由过渡期进入转型期。如果能够在学生处于迷茫和需要指导的大二年级时期及时开展创业意识的培养，帮助他们达到创业精神的要求，同时引导他们学会用积极和创新的态度来看待和解决问题，形成创新的思维和行为习惯，就能使其终身受益。需要指出的是，年级差异在创业知觉行为控制方面没有显著影响。

3. 不同专业创业意识的差异

就整体创业意识而言，文科学生的创业意识水平显著高于理科、工科的学生，并且不同专业的学生在创业行为态度、创业主观规范和创业知觉行为控制上均存在显著差异。理科的课程设置以基础学科为主，相对于工科等其他学科而言，其课程更侧重理论基础研究，课程内容与人文和社会实践的联系较少。同时，从个性方面来说，相对于文科生，理科生性格内敛、思维谨慎。虽然很多理科学生对创业也表现出较高的兴趣和向往程度，但是由于他们平时对创业相关内容接触较少，因此在这两个方面得分更低。

二、创业教育的目标

（一）教育目标

教育目标是指教育单位或教育者为受教育者制定的所要发展的方向和目的，通过对受教育者有计划、有目的地施加影响，让受教育者拥有一定的能力。

创业教育目标的制定可以从社会对创业者的创业能力和要求、创业者自身对创业内容的需求、创业界的专家对创业者的教育内容及目的提出的意见三个方面入手。

（二）创业教育目标

在创业教育中，创业教育的目标具有延伸创业教育的内容、决定创业教育的具体实施办法以及评估创业教育的实效性等作用。

创业教育的目标是使受教育者充分掌握在进行创业行为时所需要的创业专业知识，清楚创业的整个实施过程，同时对创业机遇、创业资源、创业目的、创业项目有一定的了解，还要认识到创业教育存在的特殊性质。在创业教育过程中，要培养受教者的创业综合素质，如领导团队能力、沟通协调能力、良好的创业心理素质等。

除此之外，还要引导学生树立正确的创业价值观和创业理念，使他们客观理解创业与其相关内容之间存在的辩证关系，以及在进行创业行为时注重创业伦理等客观规律。

（三）创业者必须明确创业目标

关于创业目标，马维娜等人根据布鲁姆的教育目标分类学理论，设计了认知领域的创业教育目标分类和情感领域的创业教育目标分类。

心理学家麦克里兰提出了成就需要理论，认为一个人的成就需要是可以通过教育与训练得以培养的，一个人成就需要的高低直接影响着其工作效率，适当的教育和练习可以大大提高一个人的成就需要。创业教育的目标是根据社会发展需要和人的发展需要综合确定的，创业教育的培养目标和要求是实施创业教育的基本依据，是创业教育选择教育内容、明确教育方法、实施教育举措的出发点和归宿点。

大学生创业教育的主要目的是培养大学生的创业意识和创业能力，使其在时机成熟时能够抓住机会进行创业实践。据此，我们可以把大学生创业教育的总体目标确定为培养大学生的创业基本素质和开创型个性，使大学生具有基本的创业意识、创业心理品质、创业能力，形成主动性、研究性学习的意识和习惯，具备独立生活、工作的能力和较强的社会适应能力。

三、创业素质与创业教育

（一）创业素质的概念

1. 何为素质

近年来，研究发现个人素质在人才的造就上起着非常重要的作用。那么，何谓素质？“素质”一词原本是心理学的一个名词，是一个复合概念，若从人的素质结构的构成来理解，是由人的身体、心理、品质、知识、能力等因素相互作用而形成的人格特征。教育学强调后天因素对素质的作用，认为素质可以通过教育和培训得到提高。从目前来看，对素质的理解至少有以下三种观点：一是心理学的观点，主要认为素质是人的先天的生理解剖的特点，而且主要是感觉器官和神经系统方面的特点。这种特点主要通过遗传获得，又叫遗传素质或天赋。二是教育学的观点，认为素质是人在先天生理基础上，受后天环境、教育的影响，通过个人自身的认识和社会实践，养成的稳定的身心发展的基本品质。也有人将素质解释为公民或某种专门人才的基本品质，是人在后天环境影响和教育训练下获得的稳定的、长期发挥作用的基本品质和能力结构，包括思想、知识、能力、身体、心理等。可见，教育学中的素质强调的是一种后天素质，是一种以先天素质为基础并与先天素质融为一体、不可分割的先天与后天的整合素质。三是人们的习惯用词，是一种泛指，泛指所有事物，即《现代汉语词典》中对素质界定的第一种含义：事物本来的性质。并不是所有的事物都有先天、后天的问题，特别是非生命体。

2. 何为创业素质

事实上，人们在对创业教育理论中创业素质的概念进行界定时，是以素质概念的界定为基点和起点的，即从上面阐述的教育学的观点来认识的。目前主要有以下三种具有代表性的观点：一是认为创业素质是指人在后天接受的教育和环境影响下形成和发展的，在社会实践活动中表现出来的比较稳定的个性特征；二是认为创业素质是指在人的心理素质和社会文化素质基础上，在环境和教育的影响下形成和发展起来的，在社会实践活动中全面地、较稳定地表现出来并发挥作用的身心组织要素、结构及其质量水平；三是认为创业素质是以人的先天禀赋为基础，在环境和教育的影响下形成和发展起来的、在创业实践活动中表现出来并相对稳定地发挥作用的身心组织要素的总称。综合以上三种观点不难发现，创业素质的形成是有一定的条件和基础的，它不是固有的，不是天然地存在于人群之中，而是在环境和教育的作用下形成的，而且一旦形成就具有相对稳定性。

创业素质是个体通过后天的创业教育和创业培训等方式获得的稳定的、长期的并能够使之取得创业成功的品质和能力，包括创业心理素质、创业知识素质和创业能力素质。

前人对创业素质的研究主要集中在创业素质模型的构建，包括创业素质内容及其培育路径。由于创业素质的复杂性，学者对其内容维度存在不同的界定。比如，李芳凝、张建哲、毛霞认为创业素质包括个体心理特质或意识、创业能力、创业知识等三个维度。虽然学者们对创业素质有着不同的维度划分，但是其划分主要从创业主体的个体心理和行为特征两个维度展开，总体可划分为三个维度，即创业心理素质、创业知识素质和创业能力素质，其中创业心理素质包括意识、认知、动机、品质等内容。

（二）创业心理素质

在进行创业心理素质训练的过程中，高校应当注意将大学生创业心理素质的培养与心理健康教育有机结合起来，加强对大学生心理健康的保护。比如，对学员进行积极引导，定期对学员的不良情绪进行疏导，培养学员积极、乐观、开朗的心理品质，采用恳谈会、分享会等方式实现学员间、师生间的心理分享，缓解心理压力，提高创业教育的培训效果。

首先，将大学生创业心理素质的培养与职业生涯规划教育结合起来。创业教育本质上是一种职业规划教育。因此，大学生创业心理素质的培养要与职业规划教育有机结合起来。一方面，要积极向大学生传递创业立志、成就未来等信息，鼓励有条件的学生将创业作为自己的职业发展目标；另一方面，要引导学生树立合理、科学的职业规划，应结合自身的优势理性创业，切忌由于一时热情盲目创业。

其次，将大学生创业心理素质的培养与校园创业文化结合起来。心理素质的培养是一个开放的系统，需要与之相关的各个子系统都积极发挥相应的作用。校园是大学生创业心理素质培养系统中最为重要的成长环境。大学生可以在校园中进行各种创业尝试，此时他们的机会成本最小，所获得的收益却是最大的。在不断的尝试中，大学生的心理素质和创业能力得到了锻炼和提升，创业思维也更加科学合理。因此，高校要积极开展校园创业文化建设，为学生提供良好的创业试验平台。

最后，要在大力开展创业教育、提升学生创业心理素质的同时，兼顾知识教育和专业教育。开展创业教育时切忌忽视知识教育与专业教育，而只片面强调或重视创业教育。知识教育和专业教育是创业的知识基础，与创业者的核心竞争力紧密相连，学生必须在接受创业教育的过程中努力学习和掌握好专业基础知识，这样才能为自己成功的创业人生打下坚实的基础。此外，大学生的创业教育还需要政府加大政策支持和资金扶持力度，整个社会要营造良好的创业环境。形成学校、社会和大学生三位一体的合力是深化大学生创业教育、培养其坚实创业心理素质的有效路径。

在注意到以上事项之后，即可开展大学生创业心理素质的培养工作。一般而言，主要有两种途径：一是开设专门的创业教育与训练课程；二是将创业心理素质培养融于现有的大学教育当中，构建以倡导创业为核心的校园文化。

无论是开设专门的创业心理素质课程，还是将创业心理素质培养融于现有教育体系之中，学校教育均可从以下几个方面入手来培养大学生的创业心理素质。

第一，创业情景模拟训练法。通过开展创业模拟训练来锻炼和培养受训者的应变思维与能力。这有助于训练大学生创业者在复杂不确定的环境中做出快速反应的能力，培养他们遇事沉着冷静、独立自主处置复杂情况的能力。

第二，消除或缓解心理障碍法。如果人们长时间受不良情绪的影响，大脑会长期处于保护性抑制状态，心理障碍如果长期得不到释放和缓解，还会造成严重的心身疾病。大学生创业训练和真实的创业过程中都会困难重重，容易诱发不良情绪。因此，学校开展大学生心理健康教育以消除或缓解这些心理障碍具有重要意义。目前，国外应用较多的心理训练方法主要有生物反馈训练、内部质量管理训练、渐进性放松训练等。

第三，表象训练法。表象心理训练也称意象训练或图像训练，是运用形象思维对自己的身心进行调整的方法。日本筑波大学的研究者在广泛深入地研究现有心理训练方法的基础上开发出了一个心理表象训练的新程序。他们认为，视觉表象、动觉表象及想象表象的结合运用能有效提高心理训练效果。此外，心理表象训练还能产生肯定的认知，对生理和心理产生积极影响。

第四，自我暗示法。自我暗示是人类意识与潜意识之间相互沟通的纽带。人类大脑的潜意识蕴含着无穷的力量，自我暗示更是唤醒人类潜意识巨大能量的钥匙。如果想要创业成功，就告诉自己：在此情况下，所有的思想和行为都会配合这个想法，向目标前进，直至达成目标为止。另外，经常与假想竞争对手对话，有助于发现自身的不足，从而促使想出更好的方法来解决问题。

第五，自我反省法。自我反省是运用自我意识和自我评价机能对自身思想是否正确、自身行为是否得当进行分析、判断和鉴别的方法。一个人只有对自己的真实思想倾向、真实行为动机有清晰了解后，才能在某种思想的支配下深刻感受实践结果，才能真正从主观与客观效果的结合上检查自己，从而正确认识自己，自觉地、有针对性地改造自己。这种批评与自我批评的方式能够使学生创业奋斗的信心与激情越发坚定。

第六，认知活动情景法。该方法包括角色扮演和游戏法。前者是在创业课程中融入心理短剧、小品、哑剧、双重表演等形式，让学生扮演创业活动中的某种角色，感受剧中人物的内心活动和情感体验，从而更加真切地认识创业、体验创业。后者能够充分调动学生参加心理素质训练的积极性，缓解心理紧张、焦虑等不良情绪的影响，从而获得新的体会与认识。

（三）创业知识素质

大学生初次创业并非易事，不能盲目地追求目标，要利用所学的理论知识在实践过程中完善自己。

1. 专业知识

专业知识是指在特定范围内掌握的专项能力或者专项知识体系。专业知识是开展创业实践活动必备的，是创业知识体系中的基础性知识。专业知识在社会实践中的作用：①能够解决专业范围内的技术问题；②能够在创业者选择创业项目时，为创业者提供丰富的专业知识。需要注意的是，专业知识在实践过程中必须与专业能力有效地结合在一起，如此才能发挥作用。

2. 经营管理知识

经营管理知识是指在不同行业运用不同的经营管理知识。经营管理知识在创业知识体系中占据主导性地位，但在实践过程中仍然要与经营管理能力有效地结合在一起，如此才能发挥运筹帷幄的作用。经营管理知识在社会实践中的作用：①能够解决经营管理范围内的技术问题；②能够为创业者的经营管理提供丰富的管理知识。

3. 综合知识

综合知识是指专业知识与非专业知识及经营管理知识的集合，其在实践过程中起协调作用。人们常把与创业相关的政策、法律、金融、管理、人际关系、公共事务等方面的知识称为综合知识。它是创业知识结构中高层的知识体系，是创业实践中最为重要的知识。综合知识在社会实践中的作用：①能够解决创业者在社会实践中遇到的综合性的技术问题；②能够为创业者提供丰富的社会综合性知识。

综上所述，创业知识主要由专业知识、经营管理知识以及综合知识构成。多数大学生主要学习的是专业知识，这也是最为基础的知识，可以保证其在社会生活中的知识储备。在相关课程的学习中一定要注重学习经营管理知识和综合知识。凡是有志向要创业的大学生，在学习创业知识时，一定要学会根据创业形式的变化形成自己独特的知识结构，不要死记硬背，要积极扩大自身的知识体系与眼界，运用所学知识与能力来应对实践中遇到的困难与问题。只有真正将所学知识融会贯通，再加以实践参悟，相互结合、全面实施、交叉进行，才能更快实现创业目标。

（四）创业能力素质

大学生创业是一项非常具有挑战性的社会活动，是对自身智慧、能力、胆识、信仰的全面考验。大学生创业要想获得成功，必须具备完善的创业能力，在创业实践中发挥不同作用的能力，主要有专业能力、经营管理能力、综合能力。

1. 专业能力

专业能力是指在创业活动过程中必须掌握的知识与技能，以及运用已经掌握的知识与技能解决相应问题的能力。专业能力是一项基础能力，是从事创业活动的基本能力。专业能力作为创业能力的组成能力之一，具有以下特征：首先，它帮助创业者走向社会，为其从事生产创业提供助力；其次，在生产实践过程中，专业能力的高低决定着生产效率与生产方式；最后，专业能力强在一定条件下对创业能力有积极的作用，如一个企业高管或某个行业的佼佼者必定是该行业专业能力的领军人物，否则他都无法在这个领域生存。在创业实践中，不论成功与否都需要细心经营，只有认真付出才有收获。有句话说得好："一分耕耘，一分收获。"虽然字面上简简单单，但是其中的含义值得我们深深体会。

2. 经营管理能力

经营管理能力是一种较高层面的本领，为创业活动提供了较好的主体条件，在较高层面上决定着创业实践的结果，并直接影响创业的实效性。成功的创业者不仅要有勇于创业的精神，还必须精通经营之道。经营之道的意思就是筹划治理、操作运行的理念和方法。

要了解市场行情，通过所学的经营理念与丰富的实践经验进行筹划，设计不同方案，并在市场调查后总结出详细的经营方案。在这里要提出我们经常忽略的经营盲点，即我们要从消费者的消费心理中体验如何经营。不论是创业中的经营还是创业成功后的经营，都不是为自己经营的，是为这个社会的前进而经营的。经营核算的结果表明，生产条件和资源投入相同时，生产效率会有差异。

所谓管理，就是在生产过程的各环节进行决策、计划、指挥、监督、组织、核算和调解，从而有效地实现企业目标的过程。要善于管理，必须了解生产环节，掌握管理的窍门，精通经营核算，做好生产过程的组织、生产计划的编制、生产的调度、产品的质量控制等。

对于大学生而言，首先，应在学校努力学习经营管理理论知识，力求在进行创业实践前就了解经营管理知识。其次，可利用假期进行尝试性、见习性的创业实践活动，进行情境体验，如产品推销、接待客户、谈判等活动；还可利用实习期进行学习，有意识地观察和体验经营管理方面的技能、技巧。只有在创业实践中不断学习积累，才能真正获得经营管理能力。

3. 综合能力

综合能力是由多种专业能力与经营管理能力复合形成的能力。综合能力的主要特征：没有机会的时候，可以创造机会并能够把握住机会；资源有限的情况下，能够整合资源并重新利用资源；面对复杂情况时，能够掌控时局；等等。综合能力是创业者在社会实践中必须学习与掌握的能力。通过对创业能力问题的研究，我们可以发现，具有不同的能力会对创业有着不同的意义。具有专业能力的人一定可以成为某个领域合格的从业者，也可能是参与创业的伙伴，但不会是创业者。具有综合能力的人可以是创业的合作伙伴，也可以是创业实施的领导者。因此，在创业实践中，具备综合能力是保障创业成功的重要条件。

四、创业教育模式

（一）国际创业教育模式

1. 聚集模式

聚集模式是传统的创业教育模式。在这种模式中，学生是经过严格筛选的，课程内容呈现高度系统化和专业化的特征，创业教育所需的师资、经费、课程等都由商学院和管理学院负责，学生的来源严格限定在商学院和管理学院。这种纯粹性决定了“聚集模式”创业教育能够系统地进行创业方面的教学，其毕业生真正进行创业的可能性及比例非常高。该模式的创业教育也促使创业学作为一门独立的学科在商学院和管理学院获得发展。哈佛大学商学院是采取聚集模式进行创业教育的典型代表。作为世界上最早开设创业教育课程的机构，哈佛大学商学院强调申请者的创业特质，并通过实施相关课程与活动提升学生的创业技能。目前，大约 40% 的哈佛大学 MBA 毕业生追求一种创业型职业生涯，如创业者、风险资本家或者创业咨询者。

2. 磁铁模式

采用磁铁模式的创业教育基于这样一种信念：非商学院的学生也能从创业教育中获益，具有创造性的创业能力并不仅来自商学院学生。麻省理工学院主要采取这种模式，其创业中心的使命就是“激发、训练以及指导来自麻省理工学院所有不同部门的新一代创业者”。这种模式的创业教育往往先在商学院和管理学院成立创业教育中心，通过整合所有资源和技术吸引来自全校范围内的、有着不同专业背景的学生。大部分创业教育课程如“创业计划”“新创企业”等适应各种专业背景的学生。在这种情况下，对创业感兴趣的学生既可以修习创业课程，又可以根据自身情况和兴趣辅修创业。整个项目的发展依托商学院和管理学院的资金、师资、校友等。创业教育中心负责整个项目的规划和运作。这种模式为商学院和管理学院之外的学生提供了创业教育而不涉及经费、师资等方面的变革。磁铁模式在保证教育开放性的同时，保证了运行的便利性。所有创业教育和活动由统一的创业教育中心负责协调和规划，师资和经费也由创业教育中心统一调配管理。这样的运行模式整合了有限的资源，有利于打造优质的创业教育项目，有利于吸引新教师的参与，也有利于校友募捐的顺利进行。

3. 辐射模式

辐射模式也是一种全校性的创业教育模式，它的发展源于这样的一种理念：不仅要创设良好的氛围为非商学专业学生提供创业教育，还应该鼓励不同学院的教师积极参与创业教育过程。

它的实施涉及管理体制、师资、经费筹集等方面的改革。在管理体制上，学校层面成立创业教育委员会，负责协调和指导创业教育的开展；所有参与学院负责实质性的创业教育和活动，并根据专业特征筹备资金、师资、课程等。这种模式与磁铁模式的本质区别是突出了不同学院教师的参与，他们需要根据本专业的特征设置课程，从而保证学生能够结合专业背景进行创业。不同学院的学生可以互选创业课程，从而打破学科边界，实现资源共享。康奈尔大学是采取辐射模式创业教育的典型代表。

辐射模式创业教育的优势相当明显。对于大学而言，在不同学院开展创业教育项目既可以广泛吸引校友，又可以赢得学生的信任；对于教师而言，不同学院的教师以创业教育为平台开展广泛的交流与合作，有利于促进教师能力的提升；对于学生而言，结合专业特征学习相关创业教育知识和技能，保证了学习的有效性。当然，辐射模式创业教育的运行和管理面临着协调、募捐、课程设计、师资等多方面困难。协调是辐射模式所面临的最大挑战。比如，在康奈尔大学，9 个参与学院提供了很多创业课程，虽然这些课程都与学生的专业背景相符合，但是课程之间缺乏关联性。另外，由于辐射模式具有利益分散的本质，院校无法集中为一个创业教育项目募捐。在课程设计上，如何巧妙地将创业知识和技能融入具体专业中也对教师是个很大的考验。最后，由于创业教育师资由参与学院自行解决，如何动员更多优秀教师参与创业教育项目对于院校来说是个极大的难题。

（二）我国的创业教育模式

1. 以课堂教育为主导的创业教育模式

这一模式的代表性高校为中国人民大学和武汉大学。这是一种将素质教育与创业教育相结合，以课堂教学为主导的教育模式。一方面，开设风险投资、企业家精神、创业管理等创业教育课程，将第一课堂和第二课堂结合起来，架构创业所需的知识体系；另一方面，注重创业教育与专业教育相结合，把创业理念融入学生平时的课堂学习中。同时，强化实践教学环节，实行弹性学制，鼓励学生将所学知识运用于实践。

2. 以创业实践为重点的创业教育模式

这一模式的代表性高校为北京航空航天大学。这是一种以创业实践为重点，提升创业技能的教育模式。主要做法如下：成立专门的机构——创业管理培训学院负责统筹学校创业教育的开展，组建专门从事创业教育研究与实践探索的师资队伍，开办大学生创业园和科技成果孵化园，设立创业基金。除此以外，还为创业的大学生提供指导、咨询、创业计划评估和种子融资等方面的服务；采用开放型的讲堂形式，邀请创业企业家、北航创业校友来讲座和交流；教学内容偏重实际应用，课程结束后，优秀的创业项目还可以得到一定的创业资金用于项目启动。北京航空航天大学的创业园和孵化器为大学生提供了实习和创业的平台，促进了校内优秀项目的落地和科技成果的转化。

3. 以地方特色为优势的创业教育模式

这一模式的代表性高校为温州大学。这是一种以地方特色为优势，适合地方高校和教学型高校的教育模式。浙江民营企业发达，创业活跃，“温州模式”享誉海内外，温州的传统文化、创业精神和丰富的企业家资源对温州大学开展创业教育产生了积极影响。作为一所地方高校，温州大学从 2001 年在全校开展创业教育以来就根据自身办学定位、办学层次、教育资源、区域文化、周围环境等因素设计出适合地方高校的创业教育模式，其主要特点如下：全方位保障创业教育，培养学生敢为创业的意识和精神；积极利用各方资源，为创业教育和创业人才培养提供支持；不断拓展创业学院功能，积极探索人才培养新模式；结合地域优势和学校特色开展创业教育。温州大学的“3+2”创业人才培养模式、“岗位创业”理念成为高校创业教育的重要研究成果，开展的校企合作培养班、企业接班人培训班等项目也得到了越来越多的关注。

4. 以综合素质为宗旨的创业教育模式

这一模式的代表性高校为上海交通大学。这是一种将专业知识、创业教育和综合素质培育相互融合的教育模式。该校立足“三基点”（素质教育、终身教育及创新教育）和“三个转变”（专业型人才向通用型人才转变、教学向教育转变及教师传授向自主学习转变），确定创新型人才培养体制的基础框架和内容。一方面，通过开设创业教育通识课，开展大学生创业计划，在专业教育中渗透创新、创造的意识和理念，举办创业规划竞赛等，使全校学生感受到浓厚的创业气息，从中学习到的创新精神、创造理念和创业意识将受用终身；另一方面，通过独具特色的创业课程、创业孵化园和资金扶持使部分有强烈创业意向的学生成为未来企业家。

第四节　我国大学生创业教育的发展历程与概况

一、我国大学生创业教育的发展历程

我国高校创业教育从构成要素上划分，经历了由创业竞赛至创业教育、由师资培训至学生培养、由课堂教学向多种模式转变、由知识传授向素质教育转变四个发展阶段。相较于创业教育发达的国家，我国创业教育和创业培训整体上都处于比较低的水平，创业教育还处于探索起步阶段。高校之间创业教育发展也不平衡，校际差异比较大，虽然清华大学、上海交通大学、中山大学、福州大学、黑龙江大学等十多所高校创业教育走在全国高校前列，但是多数高校创业教育发展仍然滞后。部分高校领导忽视了创业教育对培养创新创业人才的重要性，对创业教育的重要性缺乏充分的认识，导致创业教育在许多高校发展缓慢。部分高校创业教育的目标带有很强的功利化倾向，存在急功近利的心理，如“一进行完创业教育就马上让学生开始创业，希望能够产生立竿见影的效果”[1]。

从时间的演化角度划分，我国高校创业教育又可以分为以下几个阶段。

1 陈伟民 . 基于协同创新的高校创业教育机制构建 [J]. 创新与创业教育，2015（4）：34-37.

（一）理论发展阶段（1989—1998 年）

在我国，创业教育的概念是 20 世纪 80 年代末提出的，90 年代中期才开始研究和实践。在我国学术界，它确实是个新兴的研究领域。

在探讨创业教育起源问题上，已有文献大都提到了联合国教科文组织的几次会议。第一次会议是 1989 年在北京召开的“面向 21 世纪教育”国际研讨会，柯林·博尔提出了“事业心和开拓教育”的概念，后被译成“创业教育”。1990 年至 1994 年联合国教科文组织围绕创业教育问题先后召开了几次会议，1991 年在东京召开的国际会议上发表了《通过教育开发创业能力》的报告，其中对广义和狭义的创业教育进行了界定。创业教育从广义上说是培养具有开创性的个人，它对拿薪水的人同样重要，因为用人机构或个人除了要求受雇者在事业上有所成就外，还越来越重视受雇者的冒险精神、创业能力、独立工作能力以及技术、社交和管理技能。这个定义后来被研究者广为使用。1998 年，在巴黎召开的首次世界高等教育会议上发表的《高等教育改革和发展的优先行动框架》中指出：“高等教育必须将创业技能和创新精神作为基本目标。”这次会议进一步诠释了开展创业教育的重要性。

（二）自主探索背景下高校创业教育组织变革的酝酿期（1999—2002 年）

在这一阶段，我国高校创业教育以开展创业竞赛、创业讲座和模拟创业实践为主，属于团委、学工部或就业指导中心推动的课外实践范畴。尽管也有一小部分高校的管理学院开始探索创业课程或创业辅修项目建设，如 1999 年浙江大学竺可桢学院和管理学院率先创建了“创新与创业管理强化班”，向非管理学专业学生提供两年的创业强化学习，但大部分高校并未开始创业实践教学课程。2002 年，第一批扩招生面临毕业，就业形势严峻。

（三）高校大学生创新创业教育实践探索期（2003—2006 年）

在该阶段，我国大学创业教育有了一定的实践性，并且小有规模。我国大学生创业政策体系作为国家创业政策体系的组成部分是依托国家创业政策体系而产生的。

20 世纪末，我国大学生创业活动的产生及相关创业政策的出台是在国家创业政策大环境下适应高校招生与就业制度的改革而逐步形成的。国家关于规范创业活动的相关制度、规定、意见和具体政策措施，以及中央教育体制改革中关于高校招生、就业、创业制度的改革都为大学生创业政策体系提供了保障。

2001 年，大量学生企业倒闭，创业教育陷入低谷。之后，随着大学扩招大学毕业生逐步走向就业市场，毕业人数剧增，就业形势更加严峻，由此创业话题再度被提起并得到政府的关注和重视。

2005 年，国家更是加大了对大学毕业生自主创业的支持力度，成立创业教育中心，分别负责全校创业教育课程教学和实践教学的顶层设计与组织实施。

（四）创业教育的多元探索期（2007—2011 年）

2007 年开始浮现的金融危机所带来的劳动力市场需求的萎缩，以及大学扩招步伐加快所带来的越来越多的大学毕业生不能如期就业，使大学生就业问题日益成为社会关注的热点问题，成为直接关系社会和谐稳定的大事。

2008 年，30 个国家级人才培养模式创新实验区的设立标志着高校创业教育的重心从关注大学生的创业实践转向了以系统推进的模式培养创业人才，创业教育的理念与内涵也发生了巨大的变化。一是创业教育不仅是解决大学生就业问题的有效途径，还是培养创新人才的有效途径，创业教育应该与高校人才培养模式和方案相融合；二是单纯依靠模仿、借鉴他国创业教育的经验已无法满足我国不同地区、不同层次高校创业教育的发展需求。

在这一背景下，以创业来缓解或解决大学生的就业问题成为国家大学生创业政策的一个愈加明确的政策信号。此时，有关扶持大学生创业的政策的出台频率明显加快，政策内容也更加详细。这说明我国政策制定部门对全面改进创业环境有了更深刻的认识。

1. 意识到创业理念的重要性

从提供单纯的创业技能培训到提出包括创业意识、创业知识、创业技能培养的全面创业教育，最终的发展目标是从源头上促进大学生创业。可以说，政府已经初步意识到学校教育在推进大学生创业方面的重要作用，并把创业人才培养与高校的人才培养模式改革以及人才培养质量的提升联系起来。

2. 意识到优惠政策的重要性

从单纯提供创业优惠政策到提供创业服务。基于“克服国际金融危机造成的严重冲击，实现高校毕业生就业的基本稳定”的现实需要，此阶段出台的大学生创业政策一般把大学生创业工作纳入各地创业带动就业工作总体规划，对大学生创业实行创业培训、项目开发、小额担保贷款等一体化的服务。

（五）创业教育的全面推进阶段（2012 年至今）

随着我国创业活动日趋活跃，创业对国家和地方经济发展的贡献也日益凸显，大力开展创业教育已成为我国高校的普遍共识。我国高校创业教育的受众数量和普及程度逐步提高，创业教育也从早期的由创业竞赛、师资培训、课堂教学、知识传授逐步转变为注重创业能力培养、创业素质提高以及多元化教育模式。我国各地区都积极出台相关政策，从大学生出发，为大学生创业制造便利，为大学生营造良好的创业环境。近年来，对大学生创业以及相关的教育与政策，大家已逐渐从头脑发热到比较冷静，不否定它，但也不将其作为一项大工程来加圈加点。

此外，KAB 创业教育项目是我国另一个推动创业师资培训的重要举措。其是由共青团中央、中华全国青年联合会通过国际合作在中国大学中开展的 KAB 创业教育项目。这是中国创业教育发展的一项尝试，希望在吸收和借鉴国际经验的基础上探索一条具有中国特色的创业教育之路。

总体上看，我国高校创业教育在教育形式、教育内容以及教育模式等方面发生了深刻变化。然而，由于我国高校创业教育起步晚、发展时间短，当前我国高校的创业教育仍然存在这样那样的问题，但在今后的发展中，我国高校创业教育保持如此势头定有望赶超欧美等发达国家。

二、我国大学生创业教育取得的成就

我国大学生创业教育的开展是高等教育发展到一定阶段的产物，是在各种外力作用下共同推动的。这些外力或来自政府，或来自市场，或是政府与市场形成的合力。目前，大学生创业教育取得的成就大致可以分为以下几个方面。

（一）校园内创业设备与氛围显著提升

学生拥有浓厚的创业兴趣说明学校在引导学生进行创业意识的培养方面的工作开展得不错。培养良好的创业意识是创业精神的基础，同时离不开心理素质的培养。学校可以充分利用思想政治教育培养学生优良的创业心理素质，引导学生激发创业热情，为其创业打好基础。

另外，在创业教育的理论知识学习的基础上，学校还在创业课程中融入了部分其他内容，如理想信念、诚实守信、爱国友善、道德法制等方面的内容，引导学生树立正确的创业价值观，帮助学生提高创业综合素质。

学校在大学生创业教育的实践活动和校园氛围培养方面也有明显的进步，国内很多高校已经开设了一些适用于大学生创业教育的实践活动，如在校内举办创业相关讲座，将创新与创业相结合，开展创业比赛等。通过开展此类创业实践活动让学生进一步了解创业教育，加强对创业教育的认同感。

（二）创业园的蓬勃开展

很多高校以大学生创业活动为核心，建设了很多大学生创业基地或创业园区。众多围绕大学生创业而兴建和发展的基地、园区促进了大学生创业教育这一重要课题取得更深层次的进展，同时促使其发展渐趋全面化、综合化。比如，辽宁省政府的相关部门积极组织开展创业教育方面的活动，并对各高校的创业教育成果进行评估考核，以优秀院校为典范做引导，使其创业教育得以合理有效的开展。借助创业基金资助和激励大学生创业则是上海地区创业教育的特色所在。

（三）创业教育模式逐渐增加

不同大学生的创业教育模式已基本形成。某些地区特殊的地理人文环境和经济社会发展状况使其在创业教育方面得到了较好的发展。这些地区的创业教育已经逐步形成了全真、模拟、实践和混合四种不同环境下的模式，其较为发达的民营经济和相对成熟的创业体系借助市场的推动成功促进了各高校创业教育的发展。

值得一提的是在我国创业教育中极具里程碑意义的“全真环境下”之模式，这一模式要求学子的一切创业活动都应该以实际的市场以及显示的操作流程进行，从登记注册到税务缴纳再到接受监管等全过程应以市场调节为导向，遵从价值规律和市场淘汰机制。

在这一模式下取得较大进展的有浙江商业职业技术学院等高校。[1] 该校创业园区在开园当年即吸引了多家合法的市场化企业正式入驻。如今，这项名为“全真环境下的创业教育”已使浙江商业职业技术学院声名远扬，初始引发的争议渐趋平息之后，盈耳的好评日渐涌起。有专家称“全真环境下的创业教育模式”是“国内首创”“在全国具有典型意义”，有人甚至评价这一改革是“中国高职教育的破冰之旅”“中国高职教育的小岗村”。

（四）大学生创业教育初具规模

目前，各级政府相关部门及高校越发认识到“挑战杯”中国大学生创业计划竞赛（以下简称“挑战杯”竞赛）的重要性与积极意义。在各校积极举办该项比赛的同时，各高校办学能力的高低在该比赛的结果上得到了一定程度的反映。在整个比赛流程中，各高校会先在本校进行初期选拔比赛，再结合对参赛者相关竞赛的参加及获奖情况决定可以代表该校较高创业水平的队伍进行全国性的较量。就目前而言，存在于各高校创业教育中最普遍的形式就是以各类创业计划相关的竞赛活动为平台和基础的创业教育，第十七届“挑战杯”竞赛报名高校更接近百所。

“挑战杯”竞赛多年来的蓬勃开展具有极其重要的积极意义。

第一，其是吸引广大高校学生共同参与的科技盛会。从最初的 19 所高校发起发展到 1 000 多所高校参与；从 300 多人的小擂台发展到 200 多万大学生的竞技场，“挑战杯”竞赛在广大青年学生中的影响力和号召力显著增强。竞赛获奖者中已经产生了 6 位国家重点实验室负责人，20 多位教授和博士生导师，70% 的学生获奖后继续攻读更高层次的学历，近 30% 的学生出国深造。他们中的代表人物有第二届“挑战杯”竞赛获奖者、国家科技进步一等奖获得者、中国十大杰出青年、北京中星微电子有限公司董事长邓中翰；第五届“挑战杯”竞赛获奖者、“中国杰出青年科技创新奖”获得者、安徽科大讯飞股份有限公司总裁刘庆峰；第八届、第九届“挑战杯”竞赛获奖者、“中国青年五四奖章”标兵、南京航空航天大学 2007 级博士

1 牛欣欣 . 基于区域特色的地方大学创业教育探析 [J]. 教育发展研究，2014，34（3）：56-60.

研究生胡铃心；等等。

第二，其是引导高校学生进现代化建设的重要渠道。成果展示、技术转让、科技创业让“挑战杯”竞赛从象牙塔走向社会，推动了高校科技成果向现实生产力的转化，为社会经济发展作出了积极贡献。目前，“挑战杯”竞赛已经形成了国家、省、高校三级赛制，广大高校以“挑战杯”竞赛为龙头，不断丰富活动内容，拓展工作载体，把创新教育纳入教育规划，使“挑战杯”竞赛成为大学生参与科技创新活动的重要平台。

第三，其是展示全体中华学子创新风采的亮丽舞台。香港、澳门、台湾等地的众多高校积极参与竞赛，并派出代表团参加观摩和展示。可以说，竞赛已成为青年学子展示创新风采的舞台，是增进彼此了解、加深相互感情的重要途径。

（五）KAB 创业教育项目

为适应创新创造的时代要求，满足青年就业的现实需要，培养青年的创业意识和创业能力，共青团中央、全国青联与联合国国际劳工组织合作，自 2005 年 8 月起在中国大学中开展 KAB 创业教育（中国）项目（简称 KAB 项目）。该项目能更好地接受并利用诸多的国际资源与较为先进且具有国际化视野的方法论，在发展形成自己创业教育体系的同时，借助国际资源形成对创业教师的专门化、高效化培训，并最终通过创业教育实现向学生普及创业知识与意识的理想目标，从而促进学生锐意创新、不断进取。KAB 项目的首批实践高校有黑龙江大学、天津工业大学，北京航空航天大学、清华大学、中国青年政治学院和北京青年政治学院。KAB 创业教育与实践项目第二批包括浙江大学、中央财经大学和中山大学在内的 28 所高校。

这是共青团组织并通过国际合作推进中国创业教育发展的一项尝试，希望在吸收、借鉴国际经验的基础上探索出一条具有中国特色的创业教育之路。为更好地服务大学生就业与创业工作，2008 年 5 月，经共青团中央书记处批准，由中国青年报社组建 KAB 全国推广办公室，主要负责 KAB 项目的交流和推广，并在各大高校举办相关活动，推动更多高校加入 KAB 项目；为 KAB 项目的推广与发展募集资金，承办 KAB 项目相关会议、活动；负责各高校 KAB 创业俱乐部的建设与日常管理，并为 KAB 相关合作机构提供服务与支持。通过一系列品牌公益活动，推进 KAB 课程与创业实践的结合，引导更多高校开展KAB创业教育课程和成立KAB创业俱乐部，从而推动中国高校创业教育的发展，培养更多高校大学生的创新精神和创业能力。

截至2017年2月，KAB项目已培训来自1500多所高校的9100多名教师，在330多所高校创设大学生KAB创业俱乐部，上百万名大学生参加了学习实践。在清华大学、中国青年政治学院、浙江大学等1300多所高校开设了“大学生KAB创业基础”课程，公开出版了《大学生KAB创业基础》教师用书和学生用书两套教材，建立了师资培训、教学研究、质量控制、课外实践和交流推广五大体系，受到师生广泛欢迎。

这些年来，在完成了对来自1400多所高校的6820名讲师的专门化培训的同时，实现了对近200万名大学生进行创业教育、近百万学子投身创业实践的创举。在很多高校，KAB创业教育课成为最受欢迎的选修课之一。KBA创业培训课程分为八大模块，具体见表1–1。

表1–1　KBA创业培训课程的八大模块

模　块	主要内容
模块一：什么是企业	主题1：企业的含义
	主题2：企业的类型
	主题3：人们在企业中的作用
	主题4：小企业
模块二：为什么要发扬创业精神	主题1：创业精神的定义
	主题2：创业的动机
	主题3：创业在社会中的作用
	主题4：自主创业
模块三：什么样的人能成为创业者	主题1：评估创业者潜力
	主题2：识别创业者特征
	主题3：领导力
	主题4：决策力
	主题5：风险承担
模块四：如何成为创业者	主题1：成功创业者的能力
	主题2：成功创办小企业的关键因素
	主题3：创业决定
	主题4：开发和提高创业者的能力
模块五：如何找到一个好的创意	主题1：创建企业之总体构想
	主题2：识别和评估商业机会

续 表

模 块	主要内容
模块六：如何管理新建企业	主题 1：选择合适的市场
	主题 2：企业选址
	主题 3：企业法律形式
	主题 4：计算所需资金
	主题 5：筹措创业资金
	主题 6：开办企业的途径
模块七：如何经营一家企业	主题 1：员工招聘
	主题 2：时间管理
	主题 3：营销管理
	主题 4：供应商的选择
	主题 5：新技术在中小企业中的应用
	主题 6：成本管理
	主题 7：财务管理
	主题 8：财务报表
模块八：如何设计商业计划书	主题 1：信息与帮助的来源
	主题 2：准备商业计划书
	主题 3：具备创业者风范
	主题 4：标准的商业计划书
	主题 5：如何设计和解释商业计划书

（六）创业教育逐步融入就业指导课

我国许多高校在将创业融入就业教育的过程中取得了重大进展，完成了从纯粹的工作需求到职业生涯指导再到创业教育的基本发展历程。当前，我国政府相关指导政策的出台促进和鼓励着大学生将创业作为自己日后职业规划的重要方面。相对合理有效的创业教育课程安排以及学子对具有指引性创业教育知识的需求决定了在高校开展创业教育的必要性。中国人民大学团委十分重视这一项目的建设，其在积极开展创业教育的同时，主动与相关媒体单位合作，扩大活动的影响力与公众认可度，极为重要的是，其在创业教育活动中主动寻求该领域专家学者和企业精英的支持，这一形式无疑对创业教育发展具有建设性意义。

三、大学生创业教育协同机制概述

大学生创业教育是一个十分复杂的结构体系，它包括评价标准、课程体系、主体、客体、中介、目标等。其中，创业教育的组织实施者为主体，即社团、企业、政府、高校等；客体是指大学生创业教育的实施对象，即具有创业理念的、可以接受创业教育的高等院校大学生群体；中介通常指创业教育的运行机制和实施过程，它主要起联结创业教育主体和客体的作用。创业教育主体与客体之间既有区别又有联系，它们构成了一种典型的互利关系，具体如图 1–1 所示。

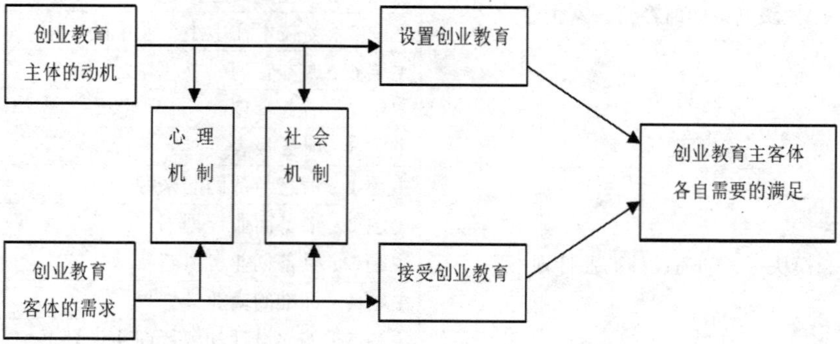

图 1–1　创业教育主体与客体之间的关系

因此，应基于结构研究我国大学生创业教育体系，也就是要研究各个要素之间的制约关系、从属关系和作用机制。只有弄清每个要素自身的性质和各个要素之间构成何种结构关系，才能深刻认知我国大学生创业教育体系存在何种不足以及能实现何种整体功能。

同时，要研究我国大学生创业教育体系的形成和发展，必须充分考虑时代环境的作用。创业教育制度与社会政治、文化、经济制度的差异在于大学生创业教育属于微观层次上的社会制度，而后者是社会制度在宏观层面上的具体体现。不同层次的社会制度具备不同的功能，微观层次的社会制度取决于宏观层次的社会制度，而每个社会个体直接接受微观层次社会制度的作用。因此，我国大学生创业教育体系的发展与我国科技发展水平、文化传统、科技制度、经济制度、政治制度等息息相关，其功能的发挥也离不开这些因素。唯有基于特定历史背景来开展我国大学生创业教育体系的研究，才有一定的现实意义。创业教育作为一项系统性工程，不能简单局限于学校课堂上，而应最大限度地获取社会各类主体的支持与参与，这样才能真正实现其教育效果与目标。

从宏观角度看，教育协同机制依赖政府的支持。政府积极出台各项创业优惠政策，营造良好的创业氛围，如此才能有更多的大学生真正参与创业。另外，企业应积极参与和支持创业活动，如为大学生提供经费资助、与学生分享创业经历等，或者以评委的角色参与到校园创业大赛中；传媒应积极宣传创业教育的必要性、成功创业者的个人经历，在社会上营造一种浓厚的创业文化氛围。

从微观角度看，创业教育除了要基于传统课堂教学奠定理论基础外，还要求学生能突破课堂的局限性，积极参与各类创业大赛，主动学习创业知识，在参与活动的过程中培养创业能力；在师资方面，要实现创业教育的发展，除了要求各科教师积极参与教学活动和研究外，还要求具有创业经验和企业管理的专业人士兼任授课教师，以确保创业教育质量的提升。

（一）创新型国家战略的根本要求

从国家层面看，加快建设创新型国家的进程，其内在要求是构建高校创业教育协同机制。高校创业教育以经济与社会发展的实际需要为依归，绝对不是一个闭门造车的过程，而是一个极具开放性的系统体系，这意味着不能仅靠高校的一方之力，更何况单凭高校的一己之力也不可能实现创业教育的初衷。构建高校创业教育协同机制就是要汇集高校、政府、企业以及其他社会主体的合力，充分发挥各方主体所不可替代的优势。

具体而言，高校要发挥在课程体系与科学研究等方面的基础性地位，政府要通过产业政策与扶持实现全局性的引领作用，企业要提供科技成果转化与创业实习等平台，其他组织与个人也可提供智力、资金、咨询等一系列配套服务。多元主体协同发展，为高校创业教育营造了一个健康的生态环境，最终形成了一个完整的国家创业体系，牢固构筑了创新发展的坚实根基，更好地服务于国家的创新驱动发展战略。

（二）“双一流”建设的现实驱动

从高校层面看，构建社会参与机制作为“双一流”建设的改革任务之一，必然推动构建高校创业教育协同机制。鉴于此，高校要“坚持依法面向社会自主办学，加快建立健全社会支持和监督学校发展的长效机制”。这要求高校通过理（董）事会、校友会等组织实现与各行各业的紧密联系，使高校创业教育促进大众创业、万众创新；通过广泛的校校合作、校企合作、校地合作等行之有效的形式，实现高校创业协同育人的培养目标。

（三）高素质人才培养的必然规律

从个人层面看，高校创业教育协同机制是培养高素质人才的必由之路。创新型人才培养是建设创新型国家的重中之重，也是学生提升个人综合素质、走向职业成功的重要保障。

高素质人才培养注定是一个全方位、多层次的立体化过程，因此需要构建学生自主学习、高校专业引导、社会辅助强化“三维一体”的创新型人才培养框架。学生在充分发挥个人主观能动性的基础上，既要掌握最新的科技知识及其应用，通过先进的科研平台培养创业的敏锐意识，尽快形成过硬的个人专业素养，又要获得必需的沟通能力与操作技能，通过岗位实习来锻炼创业的行为与心理管理艺术，不断加强个人的职业道德修养，适应全球前沿科技的发展潮流，通过跨国别的交流与合作来开拓国际化视野。因此，高校内部党政职能部门、教学科研二级单位以及后勤服务单位要实现有机协同，高校与外部的党、政、军、民、学、企、研等机构要实现高效协同，高校与世界一流大学、科研院所、国际知名创新企业等组织要实现动态协同。同时，归纳现阶段我国高等院校大学生创业教育系统运行的规律和特征，并与协同机制相结合。

第二章　当代大学生加强创业教育的意义及必要性

第一节　当代大学生加强创业教育的意义

在高等学校里开展创业教育具有极为重要的意义。它不仅能提高大学生的综合素质，解决当前大学生就业难的问题，还是适应市场经济发展、知识产业化和构建国家创新体系的需要，也是高等教育功能的拓展。改变只传授学科知识、应付频繁考试的教育方式，对学生进行创业教育，符合马克思关于人的全面发展的理论，是时代的呼唤，也是高等教育适应知识经济发展的需要。

同时，大学生创业教育是一种知识体系和方法论体系，是思想政治教育与创业实践的深入结合，是思想政治教育观念和创业教育理念的创新，在当前有着重要的理论和实践意义，对大学生创业教育的研究丰富着高校对人才培养管理的理论研究。

一、创业教育利于新时代经济形势的发展

众所周知，21 世纪是知识经济占主导地位的新时代，这一特性决定了我国要在 21 世纪中叶基本实现现代化，达到中等发达国家水平。这说明当前我们面临着一种机遇，即充分利用后发国家的优势，实现我国经济的工业化和知识化的协调发展与转化，从而跳过知识经济与工业经济失衡的阶段，

通过大力发展知识经济向发达国家迈进。从这一层面看，大学生创业教育对这种新型的经济发展模式具有特别重要的意义。

在当今社会，应当通过发展知识经济来增强我国的经济发展水平。要加速实现知识向产业的转化。这就需要尽可能多的创业型人才，而在这方面，大学生是国家宝贵的人才资源。众所周知，在这个时代，谁掌握了知识，谁就掌握了最有价值的资本。而大学生作为高等教育的接受者，是社会上素质较高的一个群体，掌握着丰富的知识，因此也就掌握了最有价值的资本，具有得天独厚的创业资源。从这个意义上说，对他们进行创业教育，充分挖掘他们为发展经济做贡献的潜力，是顺应知识经济时代发展的必然选择。

伴随着经济体制的改革，高等教育正在日益从社会的边缘走向社会的中心，接受高等教育的人才越来越多，但不可否认，目前高等教育培养出来的人才同现代社会发展的需要仍然存在一定的距离，主要表现之一是培养出来的毕业生开拓性和主动性不足；传承能力有余，创新精神不足。

当一个社会的经济发展水平较低的时候，这种毕业生可能还能在一定程度上适应社会发展，但当社会进入知识经济时代，这种人才规格必然局限社会的发展。这是因为知识经济时代的竞争更为激烈。根据西方发达国家经济发展的经验，中小型高科技产业和企业在经济发展中将具有更重要的推动意义。因此，竞争的制胜在一定程度上取决于“创业”，在人才质量上，特别强调重视人的创业能力、开拓精神。这说明高等教育若囿于传统的人才培养观念，则无异于故步自封，难以避免被淘汰的命运。那么，高校将如何面对这种严峻的挑战呢？

事实上，关键是要转变我们的教育思想，改革人才培养模式。为此，我们要树立现代教育思想，变应试教育为素质教育，改革人才培养模式，在教学内容、教学方法、课程设置及考试制度等方面进行探索、革新，通过开展创业教育，开发和提高学生的创业基本素质，培养和提高学生的生存能力、竞争能力和创业能力等，以此使他们成为知识经济时代的高级人才。

二、创业教育利于高等教育改革与发展

大学生创业教育的提出和探索是中国高等教育改革在信息化和全球化背景下走向深化的必然趋势和重要标志。

第一，现代市场经济的活力或内在驱动力来自大多数社会成员主体性、

创造性的自觉和提高，因此高等教育不再是少数人的特权，而是越来越多的人走向社会的必经之路，是一种大众教育；第二，知识经济和信息化时代的来临，国际化、全球化趋势加强，导致市场经济条件下社会的产业结构、社会分工、社会层次、社会地位、职业以及工作岗位不断变化。在这种情况下，一般意义上以自主择业和守业为特征的教育暴露出自身局限性。面对这种时代要求，以知识为背景的、积极的、主动的创业教育必然成为高等教育发展的新趋势。

另外，发展与进步是人类社会的永恒主题。在漫长的历史长河中，人类脱离了以农业经济为主的传统发展社会，告别了工业经济社会，奔向了现代知识经济社会。知识经济时代的到来使世界各国的综合国力竞争愈演愈烈，知识和人才的地位更加引人注目。传统的高校填鸭式教育已经不能适应经济社会发展对人才的需求，两者之间也有了很大的脱节。创业教育作为一种新的教育理念，体现了素质教育和终身教育的内涵，更突出了学生的自主学习和对学生实践能力的培养，是高校未来发展的趋势和目标。

当前，美国1600多所大学都开展了创业教育，大学生创业成功率远远高于发展中国家，带动了美国社会、经济的发展。鉴于此，我国各高校应当转变教育思想、更新教育观念，以提升学生的社会责任感、创业意识、创新精神和创业能力为核心，不断提高培养人才的质量。在实施素质教育的探索中，理论界、教育界先后提出了创新教育、人本教育等多种理论，就高等教育而言，在当前形势下，对大学生实施创业教育是素质教育的最新表现形式，它有效体现了素质教育与创业教育的目的与手段、整体与部分的辩证统一关系。因此，构建大学生创业教育体系是高等教育改革与发展的需要，是新形势下对大学生进行素质教育的最新着力点，它紧扣大学生毕业就业问题，以培养大学生自我创业能力为基础，以培养学生开拓创新意识、冒险精神、企业家精神和社会责任感为主线，在教学理念、教学方法上摒弃传统应试教育的教学模式，在评价体系上着眼学生创新意识和能力的考察，有利于大学生突破固定思维、实现其全面发展的教育目标的达成。

三、创业教育利于大学生明确发展方向

大学生创业教育是对那些已经走上社会或准备走上社会进行自主创业的大学生的一种全方位指导，倡导的是以人为本的教育理念，贯穿大学生创业

始末的一种素质教育，而不是一种功利性的精英教育。大学生创业教育关注的是被教育对象在人生道路的选择上遵从的是何种价值取向和行为模式，在追求人生幸福生活的过程中采取的是何种生命探寻的轨迹，而不仅是谋求物质利益的工具。这种教育研究无疑会拓展思想政治教育和创业教育的内涵和外延，为培养全面发展的社会主义事业的建设者和接班人作出贡献。

鉴于此，各国的创业教育发展与竞争越来越多地偏向为大学生的发展指明方向，而不是仅传授知识。美国、日本、澳大利亚等经济发达的国家十分重视创业教育的人生导航教育模式，这种方式也在国家经济增长中发挥了重要作用。中华民族要屹立于世界民族之林，必须借鉴这种教育模式，着力培养大批具有创新精神和创业能力的高素质人才。我国作为人口较多、综合国力较强的发展中国家，虽然国民生产总值和国民生活幸福指数不断提升，但是要实现中华民族伟大复兴的中国梦，必须牢牢把握大学生创业的教育与实践，培养大学生创新精神、进取精神和创造能力，从而增强国家的综合国力。

我国之前的高校教育体制以传统的就业理念为导向，对大学生创业教育缺乏一套完整的教育理论与教育实践，大学生创业教育并未得到充分重视。希望通过鼓励创业教育的发展使大学生创业教育在新的教育模式引导下被赋予新的内涵，提高大学生的创业素质和创业积极性，为大学生的创业之路提供导向，为大学生的人生规划点亮明灯。

四、创业教育利于不同学科融合与互鉴

（一）创业教育与专业教育的关系

创业教育是指培养当代青年学生企业家精神、创业精神的教育，其中包含的内容以及能力较为广泛全面，具有创业能力的学生具备较强的组织能力、协调能力以及管理能力。专业教育是指通过专业性的方式培养出具有专业技能的人才，其中主要包含两个方面，即各级各类的专业人才以及按照国家教育行政部门公布的专业目录进行培养。

在新的社会背景下，创业教育与专业教育机制之间具有一定的联系性并相互作用，其中专业教育是创业教育的基础载体，而创业教育是专业教育机

制的主要发展趋势[1]，创业教育能够引导以及调控专业教育的开展及发展，而在专业教育活动中结合创业教育内容，能够实现专业教育的现代化转型发展，并且切实提高专业教育的针对性及有效性。基于生产背景分析专业教育的发展是社会发展对人才的需求，而创业教育的提出是知识经济时代发展的需要。从价值取向维度分析，专业性教育机制以工具主义以及实用主义为主要理念，而创业教育以人本主义及实用主义为主要理念。

可见，专业教育与创业教育之间存在一定的联系。当今世界科技进步日新月异，知识经济需要具有创新意识、创新精神和创新能力的创新人才。实施创业教育、培养创新人才已成为我国21世纪所要解决的重要问题。教育部多次公开表示要努力实现创业教育与专业教育由“两张皮”向有机融合的转变。当前，我国大学生就业形势比较严峻，原因在于可提供的工作岗位数量有限等方面，但高校课程设置方面的滞后也是主要原因之一。在高校课堂教学中引入创新理念或课程，实施创业教育与专业课程融合是一种非常有价值的尝试，在很大程度上可以对上述问题进行改进。目前，高校的创业教育没有融入学校的整体教学体系，与学科专业教育未形成有机联系，只是利用课余时间开展，整体不够深入，缺乏可持续性。要从深层次上推进创业教育，必须将创业教育纳入专业教育体系。

1. 创业教育的起点和基础是专业教育

对于大学生这一以知识和技能为首要创业资本的群体而言，在专业教育中深入融合创业教育的理念，将其创业建立在专业特点的基础上，是创业教育需要牢牢把握的主要原则。因此，高校的创业教育课程要与专业课程相互结合，将创业理论与专业知识技能相结合，进而形成创意的思维和能力。

2. 创业教育与专业教育的融合是教学改革与发展的重要选择

近年来，我国高等教育事业迅猛发展，专业教育积累了宝贵的经验。但是，我们必须清醒地认识到，专业教育的教育思想、培养模式、课程体系、教学内容和方法远远不能适应大学生创业的需要，不能适应市场经济对大学生的要求。只有将创业教育与专业教育有机融合，加强创业能力训练才是专业教育教学改革的唯一出路。

1 李涛，刘明永．论创业教育的内涵与价值[J]．教育探索，2009（8）：144-145.

3. 将创业教育融入专业教育是有效开展创业教育的必然趋势

专业教育是高校的教育核心。一个人所学的学科与专业基本决定了他的知识结构，这种知识结构基本决定了其创业方向，尤其是创业初期的发展方向。高校的创业教育强调以专业为基点，夯实专业基础，发挥专业优势，尤其是专业前沿的优势，满足技术创业的需要。

（二）创业教育与专业教育融合的途径

1. 教师渗透

创业教育与专业教育的融合关键在教师。教师应转变传统的教育观，树立以创业为核心的新观念，挖掘各专业的创业因素，并根据相关创业知识，找准结合点，恰如其分地进行创业教育。在教学过程中，教师要积极把创业的理念向各专业扩散与渗透，将创业与专业教育融合起来。

2. 优化专业人才培养方案

创业教育是跨学科和专业的新兴课程，基础和地位比较薄弱，如果没有制度加以保障，就不会引起师生的关注，即便开展起来效果也不会明显。因此，需要把创业教育纳入整体人才培养体系和专业人才培养方案中。

3. 实施创业教育实践活动

创业教育应注重培养学生的实践能力。要建立校内创业孵化器（实验室）和校外大学生创业实践基地。通过与企业开展合作教育，安排学生见习、实习，深入岗位，感受创业氛围，在创业中增长才干，提高学生的创新能力和创业能力。

4. 开展形式多样的课外创业活动

围绕相关专业，通过开展“创业计划”竞赛活动、开设“创业沙龙”“创业论坛”“创业俱乐部”、举办创业教育讲座和创业知识培训班等形式进行学术报告、研讨、辩论、创业交流，搭建培养学生创业能力的活动平台。

5. 在实践教学中突出和渗透创业教育

实践教学对培养学生的创业意识与创业能力具有关键性作用。具有创业特点的实践教学必须以明确的创业思想为指导，处处设法对学生灌输创业的意识与能力。这种实践教学是专业课教学中渗透创业教育的主要课程模式。

6. 产学研一体化

产学研一体化的创业模式具有稳定的发展空间和强劲的后发力。通过产学研结合，建立以创业教育为价值取向的、有利于引导学生进行创业实践的新机制，以此促进创业教育与专业教育的深层次融合。

7. 校企联合

从国外高校看，“校企一体”“高档位的专业实验室”和“设备先进的模拟公司”是学生参加创业实践的根本保障。校企合办可以创造条件让学生依托专业实践基地或与学校相关的经济实体和经营公司，在其“孵化”下自办“小公司”或“小企业”等。

（三）创业教育与思政教育的融合意义及必要性

1. 有利于创业人才培养全过程的实现

创业教育应当贯穿大学教育的全过程和教学活动的各个环节。美国创业教育联盟甚至认为，创业教育应该贯穿初等教育、中等教育、高等教育和继续教育全过程，教育系统中的每一个学生都应该在最初的发展阶段接受创业教育。因此，美国特别重视中小学以至幼儿园的创业教育。英、法、日、印等国也都非常重视中小学阶段的创业教育。

历史上，我国最早的创业教育其实也是在基础教育阶段进行试点的（1991 年，由原国家教委基础教育司牵头在我国 6 个省市、20 个县乡和 30 多所学校进行了研究与实验，并取得了一定的成果），但是后来我国把创业教育的重点转向高等教育阶段，主要还是为了解决大学生就业难的问题。这种急功近利的做法造成高校创业教育的短视和低效是必然的。不仅如此，有的高校还没有把创业课程纳入教学计划，创业教育与专业教育缺乏融合，创业教育方法单一，没有将就业指导与创业教育相结合。

目前，我国已经构建了从小学“品德与生活”“品德与社会”—初中“思想品德”—高中“思想政治”—中职“职业道德与法律”—大学和硕博士阶段相关公共政治课的“一条龙”式的思政课课程体系，尤其是高校的思政课开课历史悠久，拥有一支政治业务精湛的专业化教师队伍，先后经历了两次大的课程方案调整，积累了较为丰富的教学教改经验，可以对我国高校刚刚起步的创业教育提供有益的借鉴。

2. 有利于面向全体大学生进行创业教育

事实上，创业教育不仅仅针对少数选择创业的大学生。美国百森商学院的蒂蒙斯认为，学校创业教育不同于社会上的就业培训，也不是一种“企业家速成教育”，真正意义上的创业教育应当着眼为未来的几代人设定“创业遗传代码”[1]。在欧美发达国家，创业教育并不会被看成以往那种针对富家子弟开设的精英教育，也不是那种单为商学院和管理学院学生准备的商业教育，而应是面向所有在校生的教育。我国高校创业教育的精英化倾向比较严重，创业教育辐射度和受益面明显较窄。还有些高校没有把创业教育纳入日常教学体系，导致能够接受创业教育的学生寥寥无几。在高校教学对象同样是全体学生的所有课程中，高校思政课与创业课同质化程度最高，在引导大学生关注创业问题、培养基本的创业意识和创业人格方面，能够发挥其他课程发挥不了的作用。

3. 有利于借力高校思政课“主阵地”“主课堂”和“主渠道”的作用

构建科学合理的创业教育课程体系是高校开展创业教育的前提和基本环节，也是创业教育的核心部分。2005 年初，美国已有 1600 多所高等院校开设了创业学课程。美国大学的创业教育之所以取得了辉煌的成就，成为美国经济发展的直接驱动力，一个重要的原因是大学已建立了创业教育嵌入思政课教育教学的操作模式。我国高校在创业学科课程方面，兼职课程多，专职课程少。创业课程除“创业基础”外，大多属于“职业规划”“就业指导”系列。在不少高校，创业教育的开展仅局限在个别选修课、讲座、竞赛活动等，创业教育的学科地位被边缘化。高校思想政治理论课是大学生的必修课，是大学生思想政治教育的“主阵地”和“主渠道”，是帮助大学生树立正确的世界观、人生观和价值观的重要途径，体现了社会主义大学的本质要求和特色。高校思政课的权威性和高规格，加之课时的充分保障，有利于提高创业课程在高校课程体系中的地位，推动创业教育在高校的普遍开展。

4. 有利于培养大学生创业的基础性素质

人文素质是人在社会化过程中起支配作用的核心素质，是大学生生活和工作最具竞争优势的素质。并且，作为一种基础性素质，人文素质决定了大学生其他素质的生成和发展。人文素养不是天生的，而是学生人文知识的积累与内化的结果。在大学的所有课程里，都应该有人文素养教育理念的渗透，创业教育也是如此。作为美国创业教育翘楚的耶鲁大学既高度重视本科生教育，又在本科教育中贯彻了以人文课程为主、兼治科学的通识教育理

---

1 向东春，肖云龙．美国百森创业教育的特点及其启示[J]. 现代大学教育，2003（2）：79-82.

念。我国高校创业教育存在重创业技能培养轻创业意识、精神和人格培养的情况，从而导致创业教育的狭窄化和简单化。同时，我国高校创业教育功利性色彩日趋浓厚，而人文属性日渐淡化。高校思政课课程体系涵盖哲学、经济学、政治学、历史学、伦理学、法学、社会学、心理学等学科的理论知识，内容大多直接涉及人文知识，能开阔人的眼界，培育人的思维，美化人的心灵，提升人的情感。特别是思政课直接培养大学生综合素质的核心——思想素质，对培养大学生创业人才正确的政治方向、价值取向和行为方式具有独特的优势和功能。

5. 思想政治教育的培养目标要求引入创业教育

高校思想政治教育目标是一个完整的目标体系。就高等学校而言，高校思想政治教育的主要培养目标是培养德、智、体、美、劳全面发展的社会主义事业的建设者和接班人。面对知识经济的挑战，我国高等教育领域又提出将“人的全面发展”作为高校思想政治教育的目标。其实，“德智体美劳全面发展”“人的全面发展”的实质是一致的，区别在于“人的全面发展”的目标更宽、层次更高。人的全面发展给了与时俱进的高校思想政治教育巨大空间，将创业教育吸收到高校思想政治教育之中，对高校思想政治教育目标的实现有着重要的促进作用。高校思想政治教育具有强烈的阶级性和党性原则，这是高校思想政治教育的重要特性之一，决定了“培养政治素质”在高校思想政治教育的目标中占有重要位置。

6. 思想政治教育对象特点的变化要求引入创业教育

在新时期，大学生的思想意识也发生了很大变化，这些变化要求高校思想政治教育吸纳创业教育的内容。具体有以下几方面。

（1）自我意识增强，但把握自己方向的能力和社会责任感还比较弱。新时期高校的人才培养模式发生了重大变化，即由计划经济时期的“普通高考一根独木桥进门，毕业生国家通过统一分配出门”的“原料加工”式培养模式逐步变成入学就业“进口”“出口”全方位双向选择的模式。就业制度改革后，毕业生通过“双向选择”实现就业目的。培养模式的转变使大学生看到了自己的主观努力与自己将来的职业选择有着密不可分的关系，这使当前大学生的自我意识增强，但相当一部分学生对自己的未来没有准确的定位，因而很难为自己的努力制定一个明确的目标。

（2）竞争意识增强，但参与竞争的心理素质、意志品质还较弱。社会、市场的竞争日趋激烈，大学生的竞争意识也不断增强。但是，从“具有竞争意识”到“具备参与竞争的心理素质”，再到“使自己在竞争中立于不败之地”，还有很长的路要走，很多大学生参与竞争的心理素质还不具备。由于长时间在高校校园里的“好学生”总是处于竞争的有利地位，他们的竞争意识已经淡漠，他们走上现实社会时很难正视竞争中的失败，遇到小挫折都会让他们十分沮丧，甚至消沉。同时，不少有这样或那样特长的学生在校园中常常由于成绩不高、“不听话”、群众关系不好等原因被认为是“差学生”，这种“差学生”的暗示会让他们觉得自己“能力差”“比不上别人”，从而失去竞争的信心。

（3）开放意识增强，但实践技能和鉴别分析等综合能力还比较弱。如今的大学早已不是昔日的象牙塔，现今的学习必须面向社会、面对市场，必须了解整个世界。为此，他们渴望参与社会实践，提高社会实践技能。但目前高等学校提供给他们的社会实践机会在数量、质量、深度上还不能满足他们的需求。同时，大学生在参与实践活动时具有一种心理障碍，即在学生参与学校组织的实践活动时总是抱着一种“参与活动”的心态，认为“效果无所谓，重在参与”。于是便出现了学生在校内或校外实践活动中做得很好，但真正到了社会中并不一定很出色的现象。可见，校园中理想条件下的实践活动与真实的社会有较大差距，学生呼唤一种全真的实践机会。

（4）利益、效益意识增强，但缺乏正确的理性指导。大学生在知识获取过程中具有较强的利益、效益意识。他们意识到付出劳动应当得到报酬，创造性的繁杂劳动理应获得更多的报酬，但是对如何获得效益，如何长久获得效益，如何将获得经济效益和社会效益、个人效益和社会效益统一起来，大学生并不十分清楚。例如，“市场需要诚信”口头上说得很响，但做起来就不那么理想了。他们需要事实告诉他们职业道德、商业道德、社会公德可以给他们带来好处。同时，“效益来自艰苦的劳动”这一观念只有在事实面前才更有力。

从以上分析可以看出，大学生的思想行为发生了较大的变化，高校思想政治教育要适应这一变化，有效解决变化中出现的问题，并适时引进创业教育的有关内容。将创业教育纳入高校思想政治教育之中，是利用创业教育的特点完成以“人的全面发展”为目标的高校思想政治教育，可以有效克服传统高校思想政治教育培养的学生存在依附性人格的弊端，可以使学生具有更强的社会适应性以及独立生存与发展的本领，更能应对当前社会的激烈竞争和就业压力。

第二节 当代大学生加强创业教育的必要性

一、创业教育是就业问题的应对之策

（一）人才供给与社会需求不匹配

高等教育培养的人才与社会人才需求存在矛盾，这种现象在“精英化”教育时代已经存在，而进入“大众化”教育时代以后，大学生就业的现实困境让这一长期埋没于教育底层的问题浮出水面。一方面，高校人才培养的层次结构与社会需求不匹配。我国花费大量的人力、物力、财力推进高等教育的大众化，是要为社会发展提供更多的有用人才，但是当前高等教育培养的大学生的层次结构与市场需求的人才的层次结构不匹配，这极易导致社会各界对大学生质量的担忧，甚至影响大学生就业市场的合理有序发展。另一方面，高校的专业设置与市场需求不匹配。高校的专业设置在很大程度上决定了学生的知识结构、工作能力和就业去向，因此在社会主义市场经济体制日渐完善的今天，扩大创业、增加就业岗位是十分紧要的。

（二）大学生创业教育对就业问题的改善

创业教育能够在一定程度上缓解特定时期失业率过高的情况，这同样是大学生创业教育的必要性之一。我国是人口大国，庞大的人口规模对我国的经济造成了压力，但“如果我们庞大数量的人口能提高素质成为创新创业型人才，那人口就不是我国的包袱，而是更为重要的发展动力”[1]。因此，关于提升创业素质、提高创业能力、扩大就业规模的关系问题也常常被学者研究，甚至可以说，把创业和就业市场两者联系起来进行研究是目前学者研究的主流方向。最近几年，学术界关于大学生创业与就业关系的研究越来越

1 辛建中，王养森．经济发展方式转型时期的创业教育[J]. 江苏高教，2011（1）：114-115.

多，这对解决中国处于社会转型阶段的就业问题具有十分重要的现实意义。

大学生创业形式的多样化，已经不仅仅停留在创办一个企业或公司的层面上，脱离了狭隘创业观念的束缚，创业教育和实践将为学生提供更多有价值的信息和更多创业学习与实践的机会，培养出更多有实际工作价值的人才。目前，我国正在通过多元创业主体和多种创业形式增加就业机会。综合来看，大学生常见的创业方式有网络创业、加盟创业、兼职创业、团队创业、大赛创业、概念创业、内部创业。以上七种常见方式中的前六种都是以投资、经营或者当老板为目的的，第七种则是在企业内部，一些有创业意向的员工在企业的支持下，承担企业内部某些业务或项目，并与企业分享成果的创业模式。创业者不需要投资就可获得丰富的创业资源和企业多方面的支援。企业内部所提供的创业环境较为宽松，即使创业失败，创业者所需要承担的责任也较小，这大大减轻了他们的心理负担，有利于轻装上阵。

以上几种大学生创业形式还不全面，仅停留在开办企业或在企业内部创业的层面上，在一定程度上，我国乃至世界的传统创业形式应该继续保持和发扬。它们包括打工；公益性工作，如志愿者工作；教育科研等活动；开发偏远的地方；新兴生产生活领域的开拓；等等。在某一领域，通过努力工作，使这一领域的成果从无到有，从有到优，都可以视为创业。例如，大庆油田开发会战阶段，铁人王进喜等老一辈石油工人打下了大庆油田的坚实基础，这是一种创业；新时期铁人王启民运用科技手段维持大庆油田高产稳产，这是二次创业。

这些传统创业方式的影响比创办企业当老板的影响还要大，提供给大学生个人的就业机会更多，几乎涉及国家和社会生活的方方面面。创业者一方面为自己创造就业机会，另一方面为他人提供就业机会。如果创业者开办企业，那么他就为自己创造了就业机会，而围绕企业的运转，在各个领域都会增加就业机会，这就为他人提供了就业机会。例如，开办一个食品企业，本身研发和生产需要雇用工人，物流环节需要人，销售环节需要人，维持生产必需的水电等供应部门也需要人。以此推之，创业增加了，就业机会就会大大增加。那些传统创业形式同样可以解决创业者自身的就业，同时创业者所在领域的规模扩大或者环境改善会为他人创造更多的就业机会。大庆油田创业的成功，不仅吸收了大量青年作为石油工人就业，还带动了地方市政建设和经济建设，这些建设又提供了大量就业机会。大而化之，我国改革开放的成就说明，我国是一个创业型国家，这个国家的创业给其人民提供了广阔的就业前景。

二、创业教育是规避创业风险的港湾

当前，人才市场竞争激烈，大学生就业形势日趋严峻，企业用工需求下降。在这一大背景下，大学生走自我创业之路不失为一种发展自我和完善自我的新途径。为了减轻就业压力，上海、天津、重庆、厦门及其他地区都出台了力度不一的优惠措施，鼓励大学生创业。同时，各高校纷纷开展创业教育，激发学生的创业意识，提高他们的创业技能。

这势必导致新产品和新行业不断涌现。这种社会需求给大学生创业提供了广阔的天地。因此，越来越多的大学生加入创业队伍，把创业作为其职业生涯中的一种选择。然而，就目前情况看，大学生创业的成果并不十分理想。在已经进行创业的大学生中，首次创业成功的比率是非常低的，全国大学生创业成功率最高的浙江也低于十个百分点。从大学生创业低成功率来思考大学生创业的现状，可以发现大学生创业存在一些常见误区，需要大学生创业教育为其规避风险，增加创业的成功率。经过总结，大学生创业常见的实践误区大致有以下几种类型。

（一）盲目冲动型

很多大学生凭着创业的冲动，在没有进行市场分析、市场环境扫描、消费市场细分和定位、财务分析的情况下，盲目进行原材料采购、机械设备安装、员工招募等一系列企业行为，结果在产出等于零的时候，投入就几乎耗尽了创业团队的现金流。事实上，创业的过程具有高风险性。大学生创业一般都有“初生牛犊不怕虎”的特点，能够在艰苦环境中顽强坚守，但他们往往忽视创业风险，一旦投资失败便一身债务，而这可以把一个蓬勃向上的大学生创业者压得直不起腰来。

（二）眼高手低型

大学生创业需要具备企业注册、管理、市场营销与资金融通等方面的知识，在缺乏相应知识储备的情况下，仓促创业不仅难以融到必需的资金，还会因为他们长期在校园里，对社会缺乏了解，特别是市场开拓与运营经验相当匮乏，在激烈的市场竞争中处于劣势。受阅历及相应学识的限制，大学生很难拥有关于创业的经验。在这种情况下，大学生创业会遇到各种不可预见的问题。因此，综合素质不高的大学生在创业初期会出现眼高手低现象。

（三）朝三暮四型

创业者必须坚定果断，有解决问题的恒心，愿意牺牲个人的利益，完全投入创业行列当中。然而，大学生创业的通病是看了这个好就做这个，看了那个好就做那个，时间就这样过去了。这使大学生把有前途的商业机会轻率地舍弃而错失良机。同时，大学生创业朝三暮四还会增加其创业成本。因此，大学生把创业作为其职业生涯中的一种选择，必须付出倍于常人的代价，必须承受倍于常人的压力，只有恪守坚持到底的信念，才能有所成就。

（四）投机取巧型

创业是一种思考、推理和行动的方法，它不仅受机会的困扰，还要求创业者有完整缜密的实施方法和讲求高度平衡技巧的领导艺术。而大学生创业常带有急功近利的思想，希望快速发财、快速创业，缺乏长期创业的心理准备。有的学生创业采取了唯利是图的做法，以次充好，欺诈顾客，以期短时间内牟取暴利，这样最终将落个身败名裂的下场。目前，大学生创业存在许多误区，存活率低是不争的事实，但失败并不可怕，关键是创业者应该懂得亡羊补牢，避免重蹈覆辙。准备创业的大学生在创业之前应该做好各项准备，避免走进误区，减少不必要的损失。

可见，当代大学生的创业教育的必要性是其他学科不可替代的，其现实意义同样是巨大的。伴随着社会经济的快速发展，在“大众创新、万众创业”的大背景下，越来越多的大学生选择了走自主创业的道路。

第三章　中国高校创业教育案例

大学生创业教育试点院校的代表——清华大学是我国创业教育的先行者，其在创业教育的理论和实践方面进行了有益和积极的探索，在国内高教界发挥了重要的辐射和引领作用。接下来将对以清华大学为代表的高校创业教育案例进行介绍。

第一节　清华大学的创业教育

一、发展历程

清华大学是中国最早开展创业教育的高等院校。清华的学生创业协会于 1997 年成立，1998 年成立中国创业教育研究中心，同年经管学院率先在 MBA 教育项目中开设创新与创业管理方向，并且为全校本科生开设高新技术创业管理课程。同样是在 1998 年，清华大学举办首届创业计划大赛，该比赛于 1999 年被推广为全国挑战杯创业计划大赛。1999 年，清华大学作为第一个亚洲成员被邀请加入全球商业计划竞赛联盟。

2000 年，清华大学以经管学院技术经济与管理系为基础，成立中国创业研究中心，开展创业管理和创业投资的教育、学术研究、管理和政策咨询及相关实践项目，积极促进创建中国高技术企业。中央电视台、《人民日报》《光明日报》等许多国内有影响力的主流媒体关注和报道了清华创业教育。

2005 年，清华大学经管学院与微软中国研究院合作开设选修课“创业宝典——未来企业家之路”。2006 年，清华大学开设选修课“创业机会识别和商业计划”，同时，雷家骕的“创业管理”被评为国家级精品课程；2007 年，清华大学开设“创业领导力”课程。

2009 年 6 月 26 日，清华—伯克利全球技术创业教育项目启动仪式暨论坛在清华大学举行，清华大学与美国伯克利加州大学合作，汇聚两校一流师资，设计课程目标、教学内容和教学方式，招收清华大学英语能力强、有创业激情的在校工科院系研究生和高年级本科生，参加项目的同学将有机会参与清华大学和伯克利加州大学技术创业中心全球创业实验室构建的全球创业网络和获得创业导师的辅导，旨在培养学生的创业精神和创业领导力、普及创业知识、提高学生创业创新技能，使其成为能够提升企业自主创新和国际竞争力的创业型人才。

2013 年，设立创意、创新、创业“三创空间”平台。2015 年，开设创业辅修学位，同年“中国高校创业教育联盟”在清华启动。此外，清华大学还是首批创新与创业教育试点高校（全国共 9 所）与首批全国创业典型经验高校（全国共 50 所）；清华科技园是首批国家级大学科技园。从这个意义上看，清华大学是我国高校中具有引领示范性意义的创业教育基地。

之后，清华大学在其发布的《清华大学关于深化创新创业教育改革的实施方案》中将创业教育作为全面深化综合改革、教育教学改革的重要内容。方案的总体目标是将创业教育融入学生培养体系，决定建立学科交叉的创业辅修专业、双学位，将创业教育与传统专业有机融合，统筹第一课堂和第二课堂，推进创业教育的国际化。这份纲领性文件和有关的制度规定体现了“强有力的驾驭核心”，从战略、协调、机构、制度与文件等不同方面就如何推进创业教育进行了整体性设计与规定。在“激活的心脏地带”方面，经管学院、基础工业训练中心、校团委开设创业基础等多门面向全校创业类课程，美术学院、五道口金融学院、深圳研究生院等结合学科方向在院系内均开设了创业课程。比如，经管学院设有创业与战略博士学位方向，同时开设了学生创新力提升证书项目；基础工业训练中心设有技术创业辅修专业（包括机器人、智能硬件、智能交通三个方向）；五道口金融学院开设了互联网金融辅修专业，培育创新型创业人才。另外，经管学院创业与战略系、五道口金融学院的互联网金融中心、企业集团的校地合作研究院等就创业教育进行了很多富有成效的研究，校团委还设立了“TIE 计划”“启创计划”等创业人才培养计划。

近年来，清华基于校园活动的创业平台如雨后春笋般涌现，形成了“整合的创业文化”。校团委的“创 +”、兴趣团队、基础工业训练中心与经管学院的清华大学创意创新创业教育平台（X-lab）都是校内较大的创业教育平台。各院系也根据自身特点建立了院系内部双创平台，如深圳研究生院的创客空间、电子系的创新中心、工艺美院的“设计进行时”等。另外，与华盛顿大学合作建设的全球创新学院将成为培养创业人才的重要平台，水木清华校友种子基金、荷塘资本等社会资本也密切关注着清华的创业教育和学生创业团队。

二、开展状况

（一）机制体制

清华大学将深化高校创业教育改革作为重要任务摆在突出位置，并加强指导管理，落实主体责任，以组建领导小组或成立创业学院等形式，形成了多部门齐抓共管的创业教育工作体系。在工作内容上，清华大学一直以学术研究和行政治理两方面为主。例如，在组织构架上，清华大学成立了以校长为组长，主管教务工作和学生工作的校级党政领导为副组长的领导小组，下设工作组，由教务处负责牵头协同。

工作组主要依托由相关职能部门、相关院系以及各类平台主要负责人组建形成的协调委员会开展相关工作，属于行政治理架构。比如，组建成立由教务处牵头的创业教育专项委员会，负责学术判断，属于学术机构。该委员会由具有一定创业经验的教师组成，主要职能是为该校的创业教育工作提供专业性的学术咨询和决策。委员会下设三个常设的工作委员会，即通识教育委员会、培养与课程委员会和教学评定委员会以及一个专项工作委员会，即创业教学委员会。在课程体系方面，清华大学根据自身的学科优势以循序渐进的方式面向全校开设了“创业导引——与创业名家面对面”“创新创业基础”“设计思维”“创客挑战”等通识教育课程。另外，还开设辅修专业、第二学位专业、第一学位专业、研究生专业等创业人才培养的新机制。

（二）师资队伍

清华大学着力配齐配强创业教育师资队伍，多采用专兼职相结合的方式，一方面将各高校经济管理学院和商学院的相关专任教师、学校政工干部等列入其中，另一方面聘请知名科学家、创业成功者、企业家、风险投资人等担任创业课程讲授工作。与此同时，清华大学高度重视拓展创业教师的国际视野，定期组织专任教师出国深造。清华大学在师资队伍建设方面运用“教师 +”模式，大量聘请校外投资人、企业家、社会行业专家和国家级设计大师等为兼职导师。例如，“创业导引——与创业名家面对面”课程全部由俞敏洪等知名企业家讲授。

（三）实践效果

清华大学努力整合各方资源，落实专业实验室、虚拟仿真实验室等实验教学平台的共享。清华大学还通过举办创业竞赛、组建创业项目团队和举办创业讲座论坛等形式进行创业教育的实践。清华大学主要依托由校团委负责的“创 +”平台、由教务处负责的创客空间、由经济管理学院负责的 X-lab 平台，以及校长杯创新大赛和每年 11 月最后一个星期六的清华创客日等活动赛事，包括利用创新中心，全力营造创业氛围，加强实践训练，引导价值取向。在政策服务方面，学校通过实现经费支出的结构优化，尝试由多渠道统筹规划资金，全力以赴地支持学校教师进行创业教育的教学实践和学生创业项目的开展。

第二节　大连理工大学的创业教育

一、发展历程

（一）初步建成

大连理工大学是全国较早倡导创业教育的高校之一，其创业教育开始的标志是 1984 年部分教师自发组织学生成立创造性研究小组。大连理工大学于1985年成立大学生创造发明协会，1987年更名为大学生科技协会，1988年更名为大学生科技活动中心，1990年再次更名为大学生科技开发服务中心，这时已经有意识地将科技成果转为现实生产力。

1997年，成立大连理工大学创新教育实践中心以及大连理工大学希望新产品开发研究所，从此时起创新教育有了固定的组织机构。2003年，大连理工大学“大学生创新院”成立，被共青团中央、全国青联命名为“全国青年科技创新教育基地”，并于同年被大连市政府授予“大连市十大学习型青年集体”荣誉称号。

（二）快速发展

大连理工大学认识到创新教育和创业教育作为高校开展创业教育的两个关键要素，它们是相辅相成的。

第一，创新教育中提升的创新意识和创新精神，训练的创新思维，学会的创新方法及技巧，不仅为学生的专业课程和创业教育课程学习中破除思维定式提供了新的思维方式和新的视角，还与创业教育中提升的开拓精神和创业能力相结合，为自谋职业或自主创业的毕业生提供了独特的视角以洞察市场，抓住市场先机，促成有效创业，也让就业后的大学生以创新的视角为所在工作领域创造更多的经济价值，将工作中发现的机遇转化为自主创业的行动。

第二，创业教育中提升的创业意识、创业知识是创新教育生成的智慧成果。大连理工大学大学生创新院将此作为创新教育和创业教育相结合的管理和实施机构，不仅配备专职教师，还建立场地、购置必要的器材，开设“创造学基础”“创业教育”等课程，大力建设创业教育基地，校内建成了面积1600平方米的校级基地，依托学院实验中心建立了12个院系级基地。2007年，更名为大连理工大学创新实验学院。

2004年10月，教育部对大连理工大学本科教学工作水平评价认为，大连理工大学建立本科生创新体系和创新平台，推动了本科人才培养工作，形成了鲜明的办学特色。2004年，大连理工大学科技园通过科技部、教育部的验收，验收意见认为大学科技园的一个重要特色是重视创业教育，建立了富于特色的创新园，为在校学生提供了良好的创业环境，培养了大量的创业人才，既有力地支持了高校的学科建设，又支撑了大学科技园的发展。

（三）卓越成效

在此基础上，2007 年大连理工大学正式成立创新实验学院，成为独立的二级学院。大连理工大学创新实验学院是学校开展创业教育的主要载体，下设创新实践中心和创业教育中心，将不同专业的学生和优秀的师资汇聚于创业教育基地，将创新教育、创业教育和专业教育融入课程和实践，打造大连理工大学依托创新教育而开展创业教育的特色模式。现在，学院除有在高考中录取的创新实验班外，还设有创新实践班和创业教育实践班。实践班面向全校学有余力、有兴趣的优秀学生开展课程教学、课外实践和项目研究等多种形式的教育。创新实践班在横向培养模式下设十几个专业方向。创业教育实践班采用纵向培养模式，从创业意识培养和校级孵化转入大连市大学生“激情创业沙河口”项目，得到政府一系列政策扶持。这种独特的经纬结合的人才培养模式为创业教育、创新教育与专业教育相互启发和碰撞提供了良好平台，不仅使未来的创业者接受了科技和创新的洗礼，还对未来的科技人才进行了创业的熏陶，使他们懂得了将科技成果转化的巨大价值和方式方法。

2009 年，大连理工大学引进了由全球模拟公司联合体中国中心构建的创业实训模拟公司运营系统。本软件平台构建了高度拟真化的商业环境，使学生通过组建模拟公司、确定公司架构、分析经营环境、尝试经营业务及完成各项岗位和各商业环境的实际业务等体验真实的商业环境和商业行为，丰富了学生的创业知识，提高了学生的创业能力。

经过多年的建设，大连理工大学创业基地形成了包括校级示范基地、院系级分基地、实训基地和校外创业实践基地的全方位布局，覆盖学校大部分专业，并建立了与之配套的运行和管理机制。该校还与大连市沙河口区大学生创业就业中心建立了良好的合作关系，为校内孵化中的项目提供资金及政策扶持等优厚待遇。目前，该校毕业生已成功创办了大连海维多媒体有限公司、大连海天网络、大连正源科技有限公司等。

二、开展状况

（一）大连理工大学创业教育模式

1. 分层次培养目标设置

创业教育是一个综合体系，需要跨学科的课程设置，因此要科学构建高校创业教育课程体系，使创新、创业的理念融入教学中。基于这一理念，学校确立的创业教育课程目标如下。在学生学有余力的基础上，参加创业教育实践，培养学生创业素质和创新型个性，使学生通过在创业教育实践班两年的知识学习，探索自我，了解自我，了解创业，提升创业技能，促使适合创业的学生形成创业意识，激发学生的创业激情，培养大学生创业精神，健全学生创业心理品质，提高学生的创业能力。其中的核心目标为培养企业家精神，而企业家精神的核心又在于积极主动地应对与解决变化的难题。另外，鼓励不适合创业的学生从事专业与技术工作，完善职业生涯规划，提高社会责任意识，加强对职业环境的了解，增强其就业能力。

2. 体验式课程设置

大连理工大学结合本校创业教育多年的经验以及创业教育的特点，开发适合理工高校特色的体验式课程体系。创业型人才的需求大多需要跨学科、综合性、个性化的知识储备。因此，学校对所有创新实践班实行创新学分制管理，对所有创新实践班开设了“创造性思维与创新方法”公共必修课，其目的在于促进学生的创新性思维的开发，鼓励学生创造发明，申请专利，然后将专利通过商业计划书的形式商业化，吸引投资建立校园孵化器。学校在长期的实践中形成了一套适合于理工科学生特色的创业课程体系。学校结合高校职业生涯规划课程面向创业教育实践班第一学期学生开设了以启发大学生认识自我、认识创业的“创业启蒙”和“创造性思维与创新方法”课程，激发学生了解、探索创业的真谛；第二学期开设“创业基础”等创业知识课程，将创新与创业相结合，实行模块化、体验式、多形式交叉教学。在第二学年开设了“创业设计与实践”等体验式课程，从而实现了对大学生创业基础知识的丰富和创业思维的拓展。

3. 模拟参与性游戏教学

在教学方式上，传统的教学方式存在着很大的局限性，创业教育的教学方法必须具有创新思维，另辟蹊径，打破以往教学方式的束缚。

在教学过程中，学校采取了集体讨论、案例分析、游戏贯穿、情景模拟、项目教学、头脑风暴与小组论坛等教学方法。在教学活动中，教师不仅是知识的传授者、教学的主导者，还是教育活动的参与者、引导者和游戏的裁判。在这种欢快愉悦的氛围中增强团队合作意识，促进交流合作，学习创业知识，提升创业技能，从而实现学生综合素质的全面提升。

4. 多层次的创业教育实训体系

创业实训是通过模拟商业运作环境设置问题情境、寻找创业项目、模拟商业运行、总结创业经验，进而体验创业全过程的创业教育教学新方法。为此，学校通过以下途径与方式来锻炼大学生的创业技能。

第一，商业游戏情景下小组合作式的团队经营。为使学生能真实感受创业过程所需要的各项技能，领略创业的风险性，学校引进了由国际劳工组织（ILO）研究开发的“创办和改善你的企业”（SIYB）项目。将 SIYB 项目引入高校创业教育体系中来，丰富了创业教育知识，带来了全新的理念和教学方法，对完善大学生创业教育，推动大学生自主创业具有重要意义。通过三个模块的训练（创办企业、经营企业、分析市场等）使学生加深对自我的了解，促进彼此之间的交流合作，激发创业的兴趣，产生合适的企业构思，提升对企业经营过程的了解，从而全面掌握创业的基本步骤和技能，为其今后创业与就业奠定基础。

第二，网络平台上的创业模拟实训。学校前些年引进了由全球模拟公司联合体中国中心构建的创业实训模拟公司运营系统。本软件平台构建了高度拟真化的商业环境，学生通过组建模拟公司，确定公司架构，分析经营环境，尝试业务经营及完成各项岗位职责等。在逼真的商业环境下，学生体验到了真实的商业环境和商业行为，通过不断的改正错误降低创业风险，有效提升了自身参与市场竞争的综合能力。最后完善商业计划书，丰富了学生的创业知识，提高了学生的创业能力。

第三，以“挑战杯”等为契机的各类创业计划竞赛。“挑战杯”全国大学生创业计划竞赛被称为“中国大学生创业竞赛的奥林匹克”，其宗旨在于宣传创业理念，传播自主创业意识，激发广大青年学生创业激情，使之勤奋学习，勇于创新，探索实践。“挑战杯”全国大学生课外学术科技作品竞赛是由共青团中央、中国科协、教育部、全国学联和地方政府共同主办，国内著名大学、新闻媒体联合发起的一项具有导向性、示范性和群众性的全国竞赛活动。自1989年首届竞赛举办以来，竞赛始终坚持“崇尚科学、追求真知、勤奋学习、锐意创新、迎接挑战”的宗旨，在促进青年创新人才成长、深化高校素质教育、推动经济社会发展等方面发挥了积极作用，在广大高校以至社会上产生了广泛而良好的影响，被誉为当代大学生科技创新的“奥林匹克”盛会。

自1997年“创业计划竞赛”被引进中国以来，到现在已有几十个年头，在社会各界引发了巨大的反响。学校也借机举办了“攀登杯”大学生创业计划大赛，并组织学生参加全国各类“创业设计大赛”，如“昆山杯”创业大赛、电子科技创业大赛，辽宁省创业大赛以及各企业组织的创业与公益的挑战赛，旨在全校范围内宣传创业理念，普及创业知识，培养创业精神、合作意识，从而推动高校创新人才的培养。

（二）“基地＋项目＋平台”式的创业实践体系

高校实施创业教育，既要培养大学生的创业意识、创业精神、创业人格，又要求大学生有实战的创业能力。因此，高校必须加强大学生创业实践，为大学生提供符合企业和市场要求的创业实践活动平台。

以创业基地为依托的创业沙龙学校在近几年创业基地成功建设的基础上，将创业实践班依托校级、院系级创业实践基地、校内实训基地和大学生创业园，开展了创业沙龙、创业讲坛、大连市沙河口区创业基地参观等活动，目的在于使学生将创业知识的学习与实践相融合，在实践中塑造学生的创业人格、创业能力、创业心理品质。“创行”是一个全球性的以大学生为主的公益创业实践组织，“创行创业大赛”在世界上享有“大学生社会创业实践的奥林匹克”的声誉。大连理工大学从2005年组建创行团队以来，多次参加了“全国创行创业公益大赛”，并取得了优异的成绩。学校创行团队申请了联合利华、沃尔玛、宜信、强生等项目，在这些著名企业的指导下，自主策划并实施项目，旨在帮助广大群众解决创业经营难题，创造更多经济效益。通过这样的社会实践项目，学生自身领导能力、团队精神和沟通能力及其他商业技能及素养得到提高，也更加了解社会，培养了社会责任感和公民意识。

另外，结合国家创业训练与实践计划项目，创业教育实践班积极组织学生开展创业训练与实践项目，采用项目教学法对二年级实践班学生进行实践教学。项目教学法对训练大学生创业者的团队创业和管理能力有着十分重要的作用，通过项目的调研、开展运行与团队的管理训练可对激发学生创业潜能、协作解决问题、促进组织认同、提升组织效率等起到一定的促进作用。

以创业俱乐部为平台的创业实践是创业教育不可或缺的部分，是体验式教学的重要途径。学校以创业实践班为依托建立“创业者俱乐部”，通过将有创业意向的学生组织起来展开头脑风暴，识别分析校园商机，进行一些简单的创业项目，并逐渐形成品牌，扩大延续。比如，圣诞节前夕的“苹果”项目、节假日的“海鲜礼品”项目等。另外，近年学校开展大型活动的次数增加，“学校纪念品”项目随之产生。这些项目旨在通过真实的情景培养学生勇于探索、不畏失败的创新精神，坚定、果断、敢闯敢干的风险意识，洞察市场的创业技能，团结合作的创业者精神，等等。同时，以创业教育实践班为依托的“创业者俱乐部”组织学生走访企业、调研，开办讲座，为学生提供挂职锻炼机会，了解企业运行机制，察已所需、补己之短，为学生将来的就业、创业奠定坚实基础。

（三）众创空间的打造

谈起众创空间，需要与创客、创客空间相联系。“创客”一词最早源于英文“makers”，它代表着一批敢于创新创造的造物者。“创客空间”也是如此。在“创客空间”中，聚集着一批有共同兴趣和理想的早期创新者，他们志在通过共享实验室及互相分享资源和知识来制造创新产品，为自己的创新成功率保驾护航。

“创客空间”为创新者提供了一个自由稳定的技术共享、想法实践、成功展示的综合性服务平台，创客可以在这个平台中随意提出自己的创新立意、启动创新项目、完成创新产品的制造。从生态学角度分析众创空间，其是一种创业的生态系统，而这种创业的生态系统将为创业者提供创业者所需要的创业元素，即办公场所、交流平台、网络支持和资源对接平台等。

现有的众创空间就是利用丰富多样的资源来与创业者之间形成多层次、多系统和动态性的生态网络，即创客空间。众创空间具有开放性的特点，它一改之前创业者封闭式的创业环境，为创业者提供创意分享、合并生产和孵化服务式的创业环境。随着经济的发展，分享经济应运而生，众创空间作为一种分享经济的载体，把创业者或者创业公司充分放入市场中并对其提供专业化和资本化的特色服务，以构建线上线下相结合的自组织孵化器。

同时，众创空间是一个创业服务平台，有广义和狭义之分。狭义上，众创空间包括创客空间和技术众包平台，众创空间为创客提供各类 DIY 工具，帮助创客将创意加工成型甚至成为可以上市的产品，帮助创业者解决各类技术难题，节约创新成本；广义上，众创空间是根据新经济形势下创业的特点和需求，为创业者提供各类创业服务的综合服务平台的统称。

2015 年，有关众创空间的官方概念界定如下。众创空间是顺应网络时代的创业特点和需求，通过市场化机制、专业化服务和资本化途径构建的低成本、便利化、全要素、开放式的新型创业服务平台的统称。根据众创空间的定义和各类专家的观点，将众创空间理解为在响应国家“大众创业、万众创新”的政策基础上，把创客空间和孵化器相结合的创新型创业服务平台。

2017 年 10 月，全新的大连理工大学管理与经济学部大楼投入使用。新大楼占地面积 25 451 平方米，项目总投资约 1.6 亿元，建筑面积约 36 000 平方米。六角楼众创空间坐落于新大楼，打造近千平方米的联合办公区域、讨论区、路演活动区、咖啡厅和多功能媒体厅等功能区域，利用优秀的教师资源全方位打造“育人”和“引凤”的双重功效，建立创业教育的新思路，营造创业校园浪潮。众创空间内设有“企业家精神”主题文化墙和“创业咖啡文化”主题分享墙，将创业文化与咖啡文化有机结合，打造创业交流、文化创业、设计制作、创新活动的聚集地。

（四）众创空间的运作

当前，我国进入新发展阶段，这种改变最核心的驱动力就是依靠创新。以往的经济模式必须依靠创新进行优化与深度改革，从而让中国经济从容面对世界经济的新局面。作为新形式的教育方式，创业教育结合众创空间将是未来推动中国经济强有力的新动力。

创业教育和众创空间的结合将大力推动众创事业的发展，让更多的资本流向创业型人才和创新型企业，产生新的经济态势，最终依靠创新这个工具推动经济体制改革，让中国的经济继续稳步上升。

众创成员通过对大连理工大学 27 名学生进行问卷调查，得知即将毕业的学生人数为 21 人，占比近 80%。此次调查问卷的结果表明，80% 以上的参与者知道并了解“众创空间”这一创业孵化模式。对创业前景和创业看法的调查结果表明，仅有 20% 以上的参与者有创业的想法。对众创空间提供的创业服务支持的调查结果表明，有 50% 的参与者最关注活动与沙龙，80% 以上的调查者希望提供全面的创业指导服务，其中最受欢迎的创业服务分别为创业培训和投融资服务。

可以发现，现在我国高校众创空间大多停留在理论教育层面上，缺乏实践性和实际创业资源支持，师资结构不够专业，专任教师创业实践经验不足。

（五）众创空间的未来

高校众创空间是一种新兴的创业服务载体，兼具教育属性、产业属性和整体系统性。从教育、产业、系统三个维度定义高校众创空间的构建目标，即创建创业教育实践中心。大连理工大学的创业教育是学校响应国家“大众创业、万众创新”战略的重要任务，众创空间更是大连理工大学实践创业教育改革的核心基地。众创空间的建设目标之一就是发展具备创业教育中心的属性，把创业教育和创业实践活动统一整合纳入众创空间平台的建设和管理中，全力打造创新项目孵化与培育中心。

产业属性是众创空间的核心要素，创新与创业在市场化和产业化的带动下得到了肯定，众创空间必须要为创业提供产业转化的支持，形成服务平台，建设基于六角楼众创空间的新的创业生态系统。六角楼众创空间要想对创业保持可持续发展，需要努力构建出一套具有自己特色的自推进、自生长、自进化的创新创业生态系统。

第三节　武汉大学的创业教育

一、发展历程

早在 2000 年，武汉大学合并组建之初，“三创”理念就被提出了，在 2001 年的本科教学工作会议上，武汉大学明确提出了创造、创新和创业“三创教育”理念，并将“三创教育”作为学校长期坚持的办学指导思想。至此，武汉大学与中国人民大学、清华大学等 9 所高校被确定为开展“创业教育”的试点高校。经过20多年的努力，武汉大学已探索并建立了立体交叉多元型的创业教育体系。

由原武汉市计委、经委和东湖开发区三家共同出资成立的武汉世博投资公司，专门为大学生设立了创业风险金，给最具创造力和活力的大学生提供就业和深造以外的“创业之路”。共青团湖北省委启动并实施了“青年创业支援计划”，每年拿出200万元用以资助青年创业。在2007年底资金出现困难的时候，某自主创业大学生就曾得到了团省委支持的10万元。共青团武汉市委积极打造青年创业服务链，开展创业导航、创业培训、创业帮扶等，被创业大学生寄予厚望，课题组访谈的所有创业个案都希望能得到团市委更多的指导，加强和团市委的交流。

自创业教育开展以来，武汉大学一直致力于培养适应经济、科技和社会发展需要的厚基础、宽口径、高素质、强能力的人才，特别是将具有创造、创新、创业精神和能力的复合型拔尖人才作为创业教育培养的目标。

另外，武汉大学还率先在国内创办了“创业教育试验班”，并实行和完善弹性学制，允许大学生中途休学创业。同时，加大大学生创业基金投入力度，支持他们协同或独立开展创业活动，在实践中锻炼和提高创业素质。对在创业实践中表现突出者，武汉大学会给予重奖并授予相应荣誉称号。

二、开展状况

（一）创新与创业精神培养

在20年左右的时间里，武汉地区高校积极探求多样化的创业教育形式，并取得了一些成效。与国内的创业教育相比，武汉地区高校的创业教育在以下几个方面有较多举措。武汉高校和武汉市委、市政府、团市委、市工商联、市统战部等做了大量的工作，积极出台有利于大学生创业的政策，整合高校科教和企业优势资源，筹建大学生创业教育基地，为企业与创业大学生牵线搭桥，为好的项目提供创业资金，打造青年创业服务链，并推动相关学术研究。

武汉大学注重培养学生的创业理念与创新精神，并在实践上加大支持力度，争取创建一种能反映时代精神的新型教育。同时，武汉大学开展了“一对一”创业指导咨询及创业教育讲座，实行100%的创业启蒙。学校实行

10% 的创业精英培养，主要通过“科技创业”课程、大学生创业精英训练营和大学生创业实践中心等，使之成为创业教育的助推器。并且，武汉大学每年都举行大学生科技文化节，开展科技讲座和科技竞赛等系列活动，以激励学生科技创新，强化学生创业意识，塑造学生创业精神，提高学生创业能力，培养学生创业道德，健全学生创业心理，指导学生创业途径。

（二）创业教育形式多样

创业教育的形式是多种多样的，如武汉大学在校内建立大学生就业指导中心、创建学生就业（信息）网、开设创业课程、举办讲座、组织创业与创新论坛、开展创业设计大赛。

1. 成立大学生就业指导中心，创建学生就业（信息）网

通过成立大学生就业指导中心，创建学生就业（信息）网，更加便于学校发布就业招聘和创业资讯等信息，公布国家与地方相关就业创业政策，提供网上就业指导。在就业指导工作中，职前教育网络学堂和北森朗途职业规划在线测评被武汉大学采用。

2. 创业课程日渐丰富，教学方法日渐完善

在开设创业课程方面，武汉大学率先在国内创办了“创业教育试验班”，在全校大三、大四的学生中开设创业课。2004 年，武汉大学“科技创业”选修课正式开课，这是我国高校首次就大学生如何利用技术创业而开设的选修课，并纳入学分体系。该校“2005 年大学生创业计划大赛”与课程同步举行。所有学习者必须组建创业团队，集体完成一份创业计划。此外，武汉大学还开设了“大学生 KAB 创业基础”“求职技巧与职业发展”等就业指导课，该校大学生就业指导中心职业咨询室还安排教师和资深人力资源经理、咨询师为全校学生提供求职定位、自我认知、职业测评、职业规划、求职准备、简历、面试、读研、出国、就业政策法规、单位选择、自主创业、学业规划和实习兼职 14 个方面的咨询。

3. 举办讲座，组织论坛

通过讲座等形式开展职业规划教育，组织开展创业创新论坛，这是目前武汉大学经常采用的方式。学校一般会定期或不定期邀请本校或外校知名教授、投资家、企业家、知名校友、政府领导及在校创业团队为学生做创业演讲。

4. 支持组建大学生创业团队

武汉大学中的大学生创业团队，有的是学生自己组织的，有的是学校支持组建的，至于团队的成效，则视具体情况而定。本课题组问卷调查显示：在被问到学校内有无创业团队时，选择“有，非常成功”的占 8.3%，选择“有，成效一般”的占 33.4%，选择“有，没有成效”的占 8.3%，选择“没有”的占 25%，“不知道”创业团队的占 25%。事实上，武汉大学有多支由学生组织的创业团队。

第四节　安徽工业大学的创业教育

一、发展历程

安徽工业大学是中国最早开展创新创业教育的高等学校之一。1995 年，学校开展了创新人才培养探索研究，开设了创新创业与人文素质教育课程。2001 年，学校创办创新能力试点班，面向所有学生开展创新素质教育，并在全国率先倡导“培养创新意识、激发创造潜力、体验创新过程”的“三步法”，开展创造力与创新能力开发、创造原理及其技法、创造性思维及其训练、知识产权与专利文件撰写、实践教学等模块培训内容，实行“每日一设想、每日一观察、每周一交流、每学期一创意、每人一项专利”的“五个一”活动。

2008 年成立了工程实践与创新教育中心（正处级），负责全校工程实践实训，并进行创新创业教育。

2010 年获“安徽省普通高校大学生首批创新创教育业示范校”称号，面向全体学生设置创新创业教育学分，纳入教学计划，开设全校性必修课“创造学与创新能力开发”。该校学生李智虎由于在读书期间在创新、创业方面有突出成绩被评为“2009 年中国大学生年度人物”。

2012 年获批首批国家级大学生创新创业训练计划项目实施高校，获批国家级大学生创新创业训练计划立项 115 个，省级项目 120 个。

2013 年被评为安徽省 AA 级大学生创业孵化基地。大学生创业孵化基地于 2013 年挂牌运行并于 2014 年初通过安徽省人力资源与社会保障厅评审，获批安徽省省级 AA 级大学生创业孵化基地。冷护基主讲的“大学生创新能力开发”获得国家级精品视频公开课程，并在全国高校推广。新华社、《人民日报》《光明日报》《科技日报》等多家媒体对学校创新创业教育进行了专题报道。

2014年，《“三步法”：一般本科院校应用型人才创新能力培养之路》获国家级教学成果奖二等奖。安徽工业大学金鹰创新创业团队入选全国首批百支大学生“小平科技创新团队”。该校创办学校创新创业培训班的辅导员杨建被评为“第六届全国高校辅导员年度人物”，并受到时任中共中央政治局委员、国务院副总理刘延东的亲切接见。

2015年获批安徽省首所高校省级创新方法示范基地；入围2015年中国大陆高校创新创业百强榜。共青团安徽省委与该校共建安徽省青年大学生创新创业能力培养工作研究发展中心，巩固和完善服务大学生创新创业工作体系，在组织动员、资源整合、载体搭建、氛围营造等方面努力开展创新创业理论研究、人才培养、培育孵化等工作，进一步提高青年大学生的创新创业能力。

2016年获“全国首批深化创新创业教育改革示范高校”称号。安徽工业大学是安徽省第一批省级创业学院。

2017年入选全国创新创业典型经验50强高校。

从2015级学生开始全面实行本科生导师制，加强创新创业教育与专业教育、课堂教育与课外教育、共性教育与个性教育相结合，将创新创业教育落实到人才培养的全过程，做到全员参与。

学校秉承“团结、勤奋、求实、创新”的校风和“精工博学，厚德敏行”的校训精神，以立德树人为中心环节，以提高人才质量为培养核心，坚持“全面覆盖、分层培养、协同推进、强化实践”的创新创业工作理念，以国家级教学成果二等奖《“三步法”：一般本科院校应用型人才创新能力培养之路》为路径，不断完善和丰富学校的创新创业人才培养体系。

二、开展状况

（一）机制体制方面

学校成立了以校长为组长，由创新教育学院、教务处、团委、学生处等多部门组成的校创新创业教育与实践活动领导小组和校学科竞赛指导委员会

（办〔2016〕17号）。学校早在2008年就成立了工程实践与创新教育中心（正处级），2012年成立了大学生创业服务中心。2015年正式挂牌成立了创新教育学院，其作为常设机构统筹管理创新教育活动的组织与实施，包括开设系列创新创业课程、学科竞赛、创客空间和大学生创业孵化基地的管理等，教务处负责创新创业课程的设置与安排，团委负责挑战杯、社会实践活动、学生社团指导，学工部（就业指导中心）负责创业实训的培训和心理健康指导活动。各学院成立由相关负责人任组长的大学生创新教育工作指导小组，负责本院学生创新教育活动的组织和开展。

学校对创新创业工作实行校院两级管理，实现了创新创业工作的体系化、创新实践基地的开放化、教师指导的全程化、管理的精细化、考核的规范化、效果的可视化，构建了创新创业能力培养的有效运行模式。

（二）课程建设方面

在2015—2016年的教学工作会议中，学校多次明确要求将创新精神、创业意识和创新创业能力作为人才培养质量的重要指标，将创新创业教育融入人才培养方案，以创新创业教育促进专业教育，以专业教育带动创新创业教育，将专业教育和创新创业教育有机融合起来。

学校将创新创业系列课程纳入学分管理，开设了全校必修课“创造学与创新能力开发”“创业基础”“大学生职业生涯规划”（含创业意识课程），面向全体学生开设系列选修课程课程，如“创造技法”“发明与专利”“发明案例分析”“TRIZ的理论与方法”[1]“创业基础”“大学生创业实训”“财务管理”等，公开出版了《大学生创业教育》（安徽教育出版社）教材，编写了相关课程的讲义，制作了多媒体课件和案例库。

由冷护基教授主讲的“大学生创新能力开发”课程获批国家级视频公开课，截至目前，点击数超过24 660人次。“创造学与创新能力开发”课程于2015年获准立项建设安徽省省级MOCC。

安徽工业大学建立了在线开放课程学习认证和学生认证制度，学生可以通过学校网络教学平台（http://ahut.gj.chaoxing.com/portal）完成相关课程的学习。2015年，该校开通了18门包含自然、文学和艺术三个类别在内的特色公共选修课网络课程供同学们学习。2016年，引入“智慧树”慕课课程

1 TRIZ理论：发明问题解决理论，由根里奇·阿奇舒勒创建。

（http://www.zhihuishu.com/）作为综合教育选修课的重要补充。

（三）师资队伍方面

安徽工业大学通过制定针对教师的激励政策，建立了一支老中青三结合、校院两级结合的稳定的指导教师队伍。学校目前有 6 位创新创业专职教师，有一支由 38 位专兼职创业教育教师以及校外企业、专家组成的相对稳定且不断扩大的企业家队伍，其中多名教师具有国家级职业指导师和创业实训导师资格证，来自各学院的 500 余名专兼职教师坚持指导学生学科竞赛，600 多名教师参与指导大学生创新创业训练计划项目，满足了全校开展创新创业教育人才培养的需要。

学校于 2006 年专门开设了创新创业师资班，每年通过新教师岗前培训开展创新创业教育培训工作，鼓励教师参与政府及社会团体组织的创新创业培训，《安徽工业大学教师进修暂行办法》（办〔2016〕35 号）和《安徽工业大学干部挂职管理办法》（安工大党〔2016〕84 号）鼓励专业教师和创新创业教师积极参与行业企业的社会（工程）实践。

（四）教法改革方面

按照学校全面深化综合改革的要求，学校出台了《安徽工业大学混合式教学课程建设管理办法》（办〔2015〕22 号）文件，进一步提高教学艺术，改进教学方法，真正做到“精讲多练”，启发学生积极思考，尽可能采取“小班授课”，或者“大班授课、小班讨论”“翻转课堂”教学模式，利用微课、慕课（MOOC）等网络教育资源建立线上教育与线下教育协同的课堂体系。

教师采用“导入、自学、讲授、讨论、训练”的课堂创新教学五步法，以案例分析和课堂交流、相互启发为重点，将启发式教学与自学思考相结合，受到了学生的欢迎。

（五）教学管理方面

学校于 2006 年制定了《安徽工业大学大学生创新教育活动管理办法（试行）》（校办〔2006〕46 号），并在总结多年工作的基础上于 2010 年对其进行修订，形成了较为完善的《安徽工业大学大学生创新教育活动管理办法》（校办〔2010〕34 号），面向全体学生设置创新创业教育学分，纳入教学计划，其中开设全校性必修课“创造学与创新能力开发”“大学生职业生涯规划”（含创业意识课程）和 12 门创新创业教育系列选修课程。每年面向全校选拔约 150 人组建“创新能力开发班”，制订了专门的培养方案，从创新创业理论、人文素质教育和创新实践等方面系统开展训练，强化了能力的培养，建立了人才档案。《安徽工业大学全日制本科学生学籍管理实施细则》（安工大〔2017〕101 号）中规定标准学制为四年的学生在校学习的年限可以为 3 ～ 6 年，2017 年，学校专门制定《安徽工业大学激励本科学生创新创业学籍管理办法》（办〔2017〕40 号），其中规定：“申请创新创业的在读本科生可申请保留学籍，休学创业。学生可多次申请休学创业，申请时间累计不得超过 3 年。”

学校设立了专门的创新创业奖学金，其中《安徽工业大学学生奖励条例》（安工大〔2013〕119 号）文件中主要包括学科竞赛优胜奖、优秀论文奖、发明创造奖等，并对获得各类创新创业成果的学生优先评定各级各类奖学金。《安徽工业大学省级大学生创业孵化基地（AA 级）专项补助资金管理办法》（办〔2014〕35 号）规定，对优秀创业团队予以奖励，对孵化企业的入驻给予补贴。

《安徽工业大学推荐优秀应届本科毕业生免试攻读硕士学位研究生遴选工作实施办法》（办〔2016〕31 号）中明确规定了各类创新创业成果（专利、创新创业项目、学科竞赛等），作为创新特长生参与免试保研可适当放宽专业排名，并享有创新特长加分，以提高综合成绩。

（六）实践训练方面

近几年，学校投入经费近 1 亿元，已建成以工程实践与创新教育中心为主体，结合各学院相关实验室，具有综合性、设计性、开放性、创新性特点的各类创新性实践平台 100 多个。各学院实验室根据各学科特点开展科研、学科竞赛等相关创新实践活动。近几年，学校先后在企业和地方建立校外实践基地 195 个，为学生了解企业和社会实际、进行专业实践实训提供了机会。2013 年，安徽工业大学的马鞍山钢铁股份有限公司工程实践教育中心获批国家级地方高校“本科教学工程”大学生校外实践教育基地。学校创业孵化基地是安徽省 AA 级大学生创业孵化基地和省级创客工作坊，现有 30 个科技型创业团队入驻孵化基地，已解决 250 余名学生的就业问题，其中毕业生 150 多人。

学校结合学科、专业特点和校内外教学资源实际，注重优化实践教学内容，构建实践教学体系，加强实践教学环节教学，把创新能力培养融入实践教学之中。整合形成了“三层次、六大类”实践实训与创新实践教学内容体系。其中，第一层次为基础技能培养，由金工实习、电工电子实习和基础实验组成；第二层次为专业能力培养，由各专业课程设计和综合实验设计组成；第三层次为创新实践，学生根据自己的爱好进入实验室，特别是在大学生工程实践与创新教育中心实践基地，研究自己拟定的课题和创新创业项目，鼓励学生担任教师的科研小助理，学生毕业设计选题 70% 以上结合了企业和社会实际问题，真题真做，培养了学生的实践能力和创新能力。

学校积极实施大学生创新创业计划项目，加强大学生创新创业训练计划项目指导工作，完善校、省和国家三级创新创业训练项目体系建设，制定了《安徽工业大学大学生创新创业训练计划项目管理暂行办法》（办〔2014〕33 号），规范了立项、中期检查、结题的流程，学生参与面逐年提升，效果显著。近三年共立项国家级 345 项、省级 692 项和校级 165 项，参与学生有 8000 余名，学生结合创新创业项目和个人兴趣申请专利 491 项，授权专利 399 项，其中发明专利 35 项，向企业转让专利 25 项。

（七）特色示范方面

学校经过多年的探索，开辟了一条“启迪创新意识，开发创造潜力，体验创新过程”的“三步法”培养应用型人才创新创业能力之路，获得了国家教学成果二等奖，建立了“以‘创新能力培养试点班’为示范，以‘创造学与创新能力开发’课程教学为抓手，以创造性思维训练为重点，以创新性实践为路径，以优化培养方案为依托，以强化机制为保障”的面向全体学生的创新创业能力培养体系，形成了“理论引导、试点引路、整体推进，突出创新意识启迪、创新思维训练，注重创新实践”的创新能力培养特色。“大学生创新能力开发”获得“国家精品视频公开课”称号；学校获“首批安徽省高校大学生创新创业教育示范校”荣誉称号，获批安徽省首所高校省级创新方法示范基地，入围 2015 年中国大陆高校创新创业百强榜，获批安徽省首批创业学院。

学校受省教育厅委托承办的“西门子杯”中国智能制造挑战赛、“飞思卡尔”大学生智能汽车竞赛、中国工业设计大赛安徽省赛和安徽省首届先进成图与产品信息建模创新大赛等都取得了圆满成功，在省内高校中起到了良好的示范引领作用。

（八）社会影响方面

1. 多家媒体纷纷报道

例如，新华社（2012 年 9 月）以“‘三步法’成就创造达人——安徽工业大学探索创新素质教育之路”为题的专电被国内外媒体转载。

《人民日报》（2010 年 6 月 30 日）以“奋勇创新，永不停息”为题报道了学校学生李智虎的创新创业事迹。

《光明日报》（2006 年 5 月 13 日）以“安工大：一‘高’一‘低’天地宽”为题进行了专题报道。

《科技日报》（2012 年 10 月 1 日）以“‘创新试点班’批量打造发明家”为题进行了专题报道，新华网、人民网、搜狐网、中国科技网、《中国科学报》等媒体进行了转载。

《中国青年报》（2017 年 8 月 10 日）以“安徽工业大学创新学生党员发展培养模式”为题报道了学校学生党员及入党积极分子的暑期社会实践活动。

中国教育在线（2021 年 8 月 13 日）以“安徽工业大学学子在第十三届‘创新创业’全国管理决策模拟大赛全国总决赛中获特等奖”为题报道了学校学子的参赛获奖情况。

2. 社会评价充分肯定

教育部原副部长周远清教授，中国创造学会名誉会长袁张度，中国科学院严陆光、杨叔子院士和中国教育学会原会长钟秉林教授等专家学者对学校培养大学生创新创业能力的实践活动给予了高度评价。

3. 相关成果不断推广

“试点班”经验及“三步法”培养体系被东南大学机械工程学院、上海电机学院经济管理学院、宁波职业技术学院、河北化工医药职业技术学院、浙江建设职业技术学院等高校借鉴。

第五节　香港地区高校的创业教育

一、发展历程

创业教育作为世界高等教育发展的新理念备受关注，以创业带动就业成为各国和地区解决大学生就业难的重要举措。我国香港高校的创业教育实践起步较早，政府部门以及一些非政府组织都非常重视创业教育及其实践工作。

近年来，香港高校在创业教育理念、创业教育教学、创业教育模式、创业实践活动、官产学研协作等方面都取得了一定成效，获得了长足发展，呈现出一些突出特点，形成了一批具有国际声誉与本土特色鲜明的品牌创业课程与实践项目。

香港科技大学（以下简称科大）非常重视学生创业能力的培养，学生的就业和创业能力受到国际的普遍认可。科大创业教育的成功很大程度上得益于完善的创业教育课程体系，科学的创业教育课程体系是实施创业教育的载体和保障。课程体系积极作用的发挥离不开合理的课程目标、课程内容、课程结构及课程实施的支撑。

科大实施“辐射式”的创业教育运行与管理模式，2000 年创办校创业中心，作为负责协调和指导全校创业教育的专门机构，其设有创业教育专业“董事会”“委员会”，为创业学生提供了创业工作空间、业务咨询、系列化孵化设施、协助引进风险资本等，所有的参与学院负责实质性的创业教育课程设置与实施，培养和提升了学生的创业精神和创业技能，助推学生成功创业。

以商科及工科见长的科大自 2011 年起“QS 亚洲大学排名”连续三年位列第一，在创业教育实施上成效显著，得到了社会及相关机构的高度认可。2012 年，科大创业团队跻身“亚洲创新论坛青年创业大赛”6 强；2013 年获“E 挑战杯——创业计划挑战赛”冠军（香港青年企业家发展局主办）。

香港作为我国高度国际化都市，特别是在文化上与内地具有高度的共通性，从客观上决定了香港高校创业教育实践经验较西方国家来说更值得其他高校学习与借鉴。

二、开展状况

（一）制定清晰可行的创业目标

科大将创业课程总目标定位于培养学生的创业能力，提高学生的综合素质，使学生更好地适应社会，并为社会发展作出贡献。具体包括增强学生的创业意识、丰富创业知识与提高创业实践技能，其中重点突出丰富学生的创业知识和提高创业技能。

科大创业课程目标的制定与学校的发展理念和香港地区的经济状况始终保持一致。科大的使命和目标含有让学生对国家的经济及社会发展作出贡献，让学生（特别是本科生）全面体验大学生活，包括在所选学科方面，获得特别优良的训练；在通识教育方面，加强创新和思维能力。

此外，香港作为亚洲的金融中心，中小企业占全部企业数量的98%，企业家是该地区最重要的资产之一，创业氛围浓厚。因此，加强学生的创业知识与实践能力培养就显得格外重要。

科大为学生提供了丰富灵活的高质量创业课程，课程目标以满足学生全面发展和创业、就业需求为中心，以创业知识与实践能力的培养为重点，最终指向经济和社会的发展，符合学校的理念和香港地区的经济发展状况，切合实际，合理明确，彰显了创业教育目标的前瞻性与创业教育的社会价值。

（二）制定理实并重的课程内容

创业教育课程内容是开展创业教育的核心要素。科大依据明确的创业教育课程目标，在课程内容上根据不同专业、不同层次大学生的需求，做到了理实并重、融入专业。创业理论课程是指教学计划要求的系统传授创业理论知识的课程。创业实践课程是指将获得的创业理论应用于创业竞赛、实际操作等创业活动中的课程。

创业理论课程为学生创业实践打下了坚实的理论基础。科大的创业理论课程主要是由商学院、工学院联合提供。课程内容既包括创业必需的基础经济类知识，如宏观经济学、金融服务运营管理、会计准则等课程，又有与创业直接相关的知识，如创业与小企业研究、创新机会识别等。

实践课程主要是指由创业中心组织的丰富且有实效的创业课程，包括“创办你自己的企业”系列创业研讨会、创业训练营、科大一百万美元创业大赛、星期五梦想家等。在这里，学生与企业家之间、不同背景的学生之间都会产生思维的碰撞与交流，从而点燃学生的创业激情，传授学生创业所需的实用性知识和技能。

科大的创业科技园区、创业孵化基地为学生提供了创业实际操作的平台，学生可以在真实的创业环境中提升创业能力。科大的商科和理工科是学校的优势专业，为实现工程与科技产业化，必须开发专业教育与创业教育融合的创业课程。为此，商学院与工学院共同开发了关于创业的选修课，供全校学生选学，如主要针对工学院学生的创业课程，包括创新管理与科技创业，信息技术（IT）创业、工程商业发展、工程管理等。

工学院还开设了科技领先与创业的主修专业，工学院与商学院联合开设了工程与商业管理结合的专业课程。创业教育与专业教育相融合的课程学习能够帮助学生在创业过程中依托专业优势，实现创业梦想。

（三）制定科学优化的课程结构

科大的创业课程结构较为科学，必修课程与选修课程相互补充，满足了不同学生的个性化需求。学科课程与活动课程相互渗透，有机结合，从而使学生在做中学、学中做。科大的创业课程类型主要有选修课程和必修课程，学科课程与活动课程。例如，工学院开设的技术与创业专业的必修课为学生提供了与专业相结合的创业教育课程，满足了具有强烈创业意愿的学生的学习要求。选修课主要是商学院与工学院共同提供的创业课程，满足了所有对创业感兴趣的学生需求。科大学生在进入学校的第二年确定主修专业和辅修专业，主修专业和辅修专业中都设有与创业教育相关的课程，学生可以完全按照特长、意愿和需求选择创业课程，提高了学生学习的主动性。

在学分要求上，必修课的学分要求高于选修课。学科课程即讲授创业知识的理论课程，通过学科课程系统可以奠定学生的创业理论基础，并在学科课程的教学中穿插创业活动。在课外进行的活动课程包括为期一周的创新、创业训练营，在训练营中，正在创业的年轻企业家和准备创业的预备企业家将学习到创业必需的知识与技能，并在可行的商业计划中塑造商业理念。定期举办不同创业主题的研讨会，邀请成功创业的企业家与学生面对面交流，传授创业经验，讲解创业知识，解决学生的困惑，激发学生的创业热情。

（四）制定完善创业服务体系

1. 孵化支持

创业者提交的创业项目通过创业中心“研究发展董事会”审核后，即可进驻创业中心进行孵化。按照协议，新企业能得到以下系列服务：场地3年的免费使用权；免费使用基本公用设施（办公器材、电话、网络等）；资讯委员会在技术和管理上的免费指导；推荐结识潜在的投资者、合作者；获得进一步深造的机会。周到细致的服务为新创办企业的学生减少了后顾之忧。

2. 网络支撑

为更好地开展创业教育，创业中心建设了自己的网站。网站包括6个板块：创业中心介绍、创业项目、创业活动、创业教育、资源、合作。这一网络平台使创业教育相关资源实现对接，即将教师、学生、政府基金、风险投资、科技园、企业、国外高校和其他相关资源有效整合在创业中心平台上，为创业者提供了系统的支持、咨询与服务。创业中心网站资源相当丰富，引进了国外一流大学的许多新型创业课程，学生可以随时观看相关的创业视频和播客，创业政策、法规、资金等方面的资讯也能在网站找到。

3. 资金援助

充足的经费来源是科大创业教育与实践不断发展的重要因素之一。科大创业中心得到了香港生产力促进局、香港贸易发展局等政府机构的财政支持。除此之外，学校一直坚持开拓经费来源，多方融资，获得了来自校友、社会公益组织、基金会等多方捐赠。创业中心每年平均筹措资金百万港元以上（不包括“一百万美元创业大赛”专项经费），用于开展创业中心各项服务及国际创业企业案例研究，并作为奖金鼓励，支持学生创业。采用多元互动的教学方式邀请校外人士授课。香港科大的创业教育课堂会不定期邀请创业成功的校友、企业家及创业领域的专家走进课堂，他们在授课中注重使用生动形象的案例，并结合自己的创业经验进行授课。企业家采用案例教学现身说法，细致分析创业成功的要素，使学生真切地体会到了公司“善用科技、创业为公”的理念。这样的教学方式使学生得到了有用的建议和鼓励，对创业中的困难有了足够的认识，更重要的是能将课堂所学的理论知识与实际创业结合起来。在与企业家的交流中，学生学到了知识，培养了与人交流、表达、推销自己的能力。与此同时，企业家能够发掘学生提出的有价值的创业点，可以通过投资、资助等方式帮助学生创业。如此的课堂教学获得了双赢的效果，不仅有利于学生创业，还可能给企业家带来商机。

4. 组织专题研讨会

作为课堂授课的延伸与补充，创业中心每学期都会为学生组织丰富的创业专题研讨会，以期实现对学生有针对性的帮助和提高。主题研讨会每期围绕不同的创业主题展开研讨，学生可以根据自己的实际情况有选择地参加。研讨会邀请国外著名大学有创业经验的专家、科技园的首席执行官（CEO）及风投基金的负责人主持、讲授，并与学生进行研讨、互动。在研讨中，学生可以向他们请教，有针对性地解决自己的个性化问题。为了搭建对话平台，科大推出了“企业家击球笼”活动，目的是为创业中心社区的成员（学生、创业中心工作人员、特邀企业家等）提供一个非正式的对话平台。在轻松愉快的氛围中，创业中心社区的成员进行互相认识和了解，“投球者”同大家一起分享自己的想法。在交流中，企业家会对学生创意的提升给予免费指导，同时提供给创业者最新的行业信息。最后，在交流、了解的基础上，创业者寻求自己的合作伙伴。如此，自由开放的对话氛围让每个人都能畅所欲言，敢于说出自己的想法并发问质疑，通过与他人交流形成人脉网络，与具有共同爱好的同学结成创业小组。这种不拘泥课本、课堂的教学方式开阔了学生的思维，培养了社交能力、领导能力，而这些品质正是优秀创业者不可或缺的。

第六节　高职院校的创业教育

近年来，高职院校不断加强创业教育，取得了较好的效果，但仍存在一些突出问题。

一、现状分析

自 20 世纪 90 年代以来，我国高校不断扩招，大学生数量剧增，就业压力增大，各高校逐步开展创业教育理论研究和实践探索。

当前，我国高职院校的创业教育主要从理论教学与实践教学两个方面进行。理论教学是指从思想意识、法律观念和企业管理等方面，培养学生创业的基本理论知识，开设“大学生职业生涯规划与就业指导”“企业管理”“法律基础”“SYIB 课程”“创业实务”等课程；实践教学主要是指在创业规划、创业设计以及创业能力等方面，培养学生基本的创业素养，开展大学生职业生涯规划大赛、创业孵化基地以及创业大赛等实践教学活动。通过创业教育，高职大学生创业素质与创业能力得到了大大提高。我国大学生创业教育起步晚、历时短，教育体系不完善，创业教育质量不佳，这些问题在高职院校表现得尤其突出。

调查表明，当前我国高职大学生创业率、创业成功率和科技创业率低的“三低”现象十分严重。究其原因，主要是缺乏资金、创业软性配套设施欠缺、创业内驱力不足、创业能力不足。其中，创业能力不足的根本原因是缺乏有效的创业教育。因此，必须加强高职大学生的创业教育，激发高职大学生创业内驱力，提高其创业能力。

二、高职院校创业教育的问题

（一）对创业教育课程认识不足

目前，虽然大多数高职院校已经引入了创业教育课程和创业实践学分，且教育对象面向的是全体学生，但是实际上，还有许多教育工作者和学生并没有认识到开展创业教育课程的重要性。有些教师认为，创业精神是不可教的，学校教育对学生创业的作用微乎其微，占用了课时却又收效不大，因此没有必要开设这门课程。

更多的教师认为，创业教育是对少数创新能力比较强、学习成绩非常优秀的学生开展的教育，大部分学生是难以涉足的，因此创业教育课程以选修课的形式开展即可。这种狭隘的认识严重扼杀、挫伤了大多数学生的创业积极性。

实际上，创业教育是一种广义上的、面向全体学生的创新创业的启蒙教育，实施创业教育课程并非让每个受教育者必须成功地创办出一个企业，而是要在他们心中播下“创业”的种子，一旦时机成熟，它将“生根、开花、结果”，毕竟成功的创业者是在大批有准备的队伍中涌现出来的。

因此，高职院校将创业教育课程列为必修课具有重大意义。对受教育者来说，无论其未来是否走上自主创业的道路，从课程中获得的知识增长和能力锻炼都将是十分重要的。

（二）创业教育不系统，以短期培训为主

创业教育应该具备一套完整的课程体系，自成系统。然而，目前大多数高职院校创业教育理念缺失，认为创业教育只是作为专业教育与就业教育的补充，不仅缺乏创业教育的相关课程，还很少开展学生的创业活动。即使开展创业教育也只是在毕业生中开展，没有把创业教育当成一个课程体系进行开发和实施，这不仅不利于学生创业意识的形成，还阻碍了学生对创业技能的掌握。

另外，即使有创业教育，也仅仅以短期的创业培训为主，如近两年高职院校利用暑假或周末开展的“创办你的企业”（SYB）培训，培训时间较短（8～10天），每天安排8个课时进行集中培训。

应该说，SYB培训帮助很多高职学生培养了一定的创业意识，但短期的集中培训不仅使学生很难系统地掌握创业理论，无法在有限的时间内消化所学的知识，还更难将学到的创业知识应用于创业实践中。

（三）忽略反馈，标准不明

要想不断完善创业教育，就必须对其进行恰当、合理的评价，只有这样，才能准确了解创业教育所达到的效果，快速找出创业教育存在的问题，提高创业教育的质量。同时，通过评价，对表现优异的教师和学生进行奖励，也有利于提高师生参与创业教育的积极性，从而促进创业教育的发展。

但是，多数高职院校都忽略了评价反馈这一重要环节。有些院校在很大程度上偏向对教师教学水平的评价，而缺少对创业教育效果及创业教育本身的合理评价。有些院校评价标准不明，评价内容泛化，无法准确地反映创业教育的效果。这些都不利于高职创业教育的发展和完善。

第四章　当代大学生创业教育问题及成因

第一节　大学生创业教育存在的问题

我国开展创业教育研究较晚，目前尚处在探索发展的起步阶段。在一定程度上，我国高校的创业教育与创业活动基本上是效仿和照搬发达国家高校的创业教育与创业活动模式，但毕竟国情不一样，社会制度、教育现状、经济发展程度等方面均存在差异，因此在创业教育实践中必然会遇到各种具体问题。综观各方面的情况，我国高校开展创业教育还面临着不少的问题。

一、创业教育缺乏师资力量

要进行创业教育，就必须有能够教授创业课程的师资队伍，否则一切都只能成为空谈。

“十几年来，我国高校创业教育师资队伍经历了从无到有、从校内到校外、从无序到有序的一个发展历程。”[1] 虽然有了一些改善与进步，但是直到目前，我国的创业教育师资队伍仍然相当匮乏，有些高校甚至根本没有相关的教师。

一是我国的大学教师习惯了传统的教学模式，而对创业教育很少有研究或者干脆没有涉及，因而能讲授创业课程的教师数量很少。另外，由于我国

1 于跃进．我国高校创业教育的回溯、反思与展望[J]. 中国成人教育，2015（20）：78.

的大学生创业教育一直得不到应有的重视，没有多少人愿意转行，对教师的专业培训也就很少，以至于“半路出家”搞创业教育的教师也很少。

二是有限的师资素质水平参差不齐，大多数教师本身就缺乏创业知识和创业思维，在有限的师资中，极少有人有过创业实践，进行创业教育仅有空洞的理论而没有具体的实践是不够的。由于该学科的建设较晚，许多教师刚开始也不是真正搞创业教育的，只是根据个人爱好主动或者被形势发展所逼而“半路出家”，改行搞创业教育。根据笔者的调查，许多现在搞创业教育的教师原本是传统的教育学、管理学或者搞思想政治教育研究的教师，有的甚至只是原来从事就业指导的人员。他们自己对创业的有关知识掌握得并不是很多，大多是服从学校进行学科建设的安排。他们所采用的多是传统的教学方法，更多的只是照本宣科地讲授课本上的知识。可见，当前创业课程多数是以理论讲授的形式为主的，而创业教育具有极强的实践性。在对学生开展创业教育时，学校忽略了创业教育的实践性，没有重视以实践的形式对学生进行创业知识的讲授。

三是创业课程虽然很大程度上涉及了理想信念和诚实守信的内容，但是对爱国主义教育和友善主义教育内容的涉及还是偏少的，理想信念是支撑学生创业行为的基础，一定要在原有内容的基础上，筑牢学生创业的理想信念，充分利用好思想政治教育的作用，不断地加强学生的理想信念。诚实守信是学生创业行为的底线，爱国是学生创业行为的原则，友善和道德法制是学生创业行为的准则。这些对学生创业教育来说同样重要。学校在创业教育课程设置中多数传授的是创业技能，没有加强对学生社会主义核心价值观的培育。另外，学校的创业实践活动也比较单一，这些教师本身不但缺乏创业知识，而且思想相对老化，观念相对保守，缺少创业思维，很难有自己独到的创业观点和创业理论。如果教师没有充足的学问讲授创业教育，那么学生难免会受到影响，很难有突破精神和创业实践。

从事创业教育的教师除了应该具有丰富的理论知识外，还应该具备一定的创业实践经验。创业不是纸上谈兵，创业教育也不能只有理论而无实践。

二、创业教育缺乏完备体系

在教育体系上，教师人员的不足、教学水平的参差不齐制约着创业教育的发展，反过来，创业教育体系的不健全也多多少少会影响到教师队伍的建设。接受系统而全面的创业教育是大学生成功创业的重要前提条件。比如，有学者指出“高校目前尚未建立一套针对创业教育专兼职教师的绩效考评体系，未能有效地将创业教育成效与教师的薪酬待遇挂钩”[1]。

发达国家在创业教育方面往往有一套系统而全面的体系（如美国有贯穿小学、中学、大学的整套创业教育体系）。在我国，由于创业教育开展得比较晚，师资队伍不够强大，虽然在某些方面取得了一定的成果，但是创业教育体系仍然不健全。这种不健全不仅表现为实践操作方面的欠缺，在理论上还没有系统的体系可言。受灌输教育和应试教育等传统因素的影响，大学生习惯了被动接受，虽然他们认为自己需要创业教育，但是有时候也只能被动地等待教师来教。近年来，虽然有些高校很重视创业教育，并着手创业教育体系建设，但是大部分学校由于缺乏对形势的正确认识，还没有将创业教育上升到应有的高度。

总之，在教育对象上，很多高校只是将大学生创业教育视为就业指导工作的一部分，主要面向即将毕业的学生，而没有将其融入大学生培养的全过程；在师资方面，高校教师大多是学术专家出身，普遍缺乏创业经历和实践能力，难以满足大学生创业教育的需要；在课程体系设置方面，创业教育课程所占比例很小，不能形成较大规模。调查结果显示，大学生、高校、用人单位均希望从创业意识类课程、创业心理类课程、创业素质类课程、创业基础知识类课程、创业技能类课程、创业指导类课程几个方面建立完善的课程体系，从模拟实践和创业设计、竞赛活动等培训活动、创业训练项目、创业论坛等方面构建完善的大学生创业教育实践体系。

在保障体系上，虽然全国高校都不同程度地开展了创业教育，并给予了大学生一些扶持政策，但在调查中发现，大学生最需要的资金、场地等核心问题并未得到解决，很多高校并没有给予大学生真正的支持保障，更多的还是停留在讲座指导和创业政策解读的层面上。

因此，如何对大学生进行系统的创业教育和真正创业意义上的指导以及创业条件、创业政策上的保障，还有待深入研究和制订可行的方案。近年来，在调查社会环境对创业的影响时，有近一半的学生认为没有什么影响，三成的学生感觉不到保障。学校没有给学生提供积极向上、勇于探索的创新

1 于跃进．我国高校创业教育的回溯、反思与展望［J］．中国成人教育，2015（20）：79.

环境，社会上还未形成支持、鼓励大学生创业的良好氛围，这些问题都会直接影响到大学生接受创业教育的主动性和积极性。

三、创业教育课程设置失衡

重理论、轻实际是我国高校课程的共同弊病，其造成我国的教材比较晦涩难懂，学生的学习兴趣不高；特定教学内容滞后于形势的发展，过时和陈旧的现象严重。有学者认为“面对差异巨大的创业知识需要……合理的解决之道是将知识嵌入于高校其他课程之中”[1]。事实上，这种传统的观念是我国创业教育的一种隐形阻力，如果不像其他国家学习全面系统的创业理论课程与实践课程，是很难彻底解决创业教育课程失衡这一弊病的。

另外，国内对创业相关知识的研究程度不深、不广。“尽管学者们认识到创业知识在创业过程中的重要性……并没有从本质或内涵角度对创业知识与一般性知识进行严格区分。”[2] 也就是没有完全系统地去对创业知识进行研究。“多数学者对创业知识的理解仅仅停留在概念探讨阶段，导致创业知识极其抽象。”[3] 因此，在研究创业教育相关内容的同时，还要研究创业本身的知识内涵，在知识经济背景下，创业知识对新企业的创建及成长发挥着重要作用。

总之，在关于创业教育的教学中，存在对许多反映现实变化和面貌的新理论、新观点没有及时、普遍地采纳，对新兴、交叉、边缘、横断等学科的知识没有合理、充分地运用等问题。创业教育鼓励学生的创造性、自立和个人的主动性，涉及的知识更涵盖了人文社会科学和自然科学等一系列的知识内容。而目前大部分高校的“创业教育”形式单一，缺乏多样性、系统性与层次性课程设置，也缺少指导学生正确面对逆境、如何摆脱逆境的情商教育，这必然会使创业教育大打折扣，影响其实际效果。

---

1 严毛新．高校创业教育“语义泛化”现象及内涵拓展[J]．教育发展研究，2015（10）：78.

2 单标安，陈海涛，鲁喜凤，等．创业知识的理论来源、内涵界定及其获取模型构建[J]．外国经济与管理，2015（9）：20.

3 同上。

第二节　当代大学生创业教育问题的成因分析

我国高校的创业教育环境落后主要表现在以下三个方面。

一是高校环境与社会环境脱节，产学研断层明显。我国高校的创业教育还未形成相对成熟的理论体系与框架，难以从理论的高度解释创业活动的各种问题，探索创业产生和发展的规律，或概括出具有普遍意义的成功创业经验；与校外的企业、研发机构缺乏联系，无法根据社会的需要调整教学体系。在这种大环境下，高校培养的毕业生必然不能适应社会的需要，更不用说很好地融入社会。

二是未设置专门负责创业教育的部门。目前，绝大多数高校的创业教育主要由学生处或团委负责，国内的创业教育主要为大学生毕业分配服务。

三是缺少专门从事创业教育的师资队伍。在高校充当此教学任务的教师基本上都缺少创业知识、创业经历和创业经验。

具体来讲，我国高校创业教育存在问题的原因如下。

一、高校创业教育观念落后

高校创业教育观念落后主要表现在两个方面：一是对于创业和创业教育，高校、高校教师的观念还相对滞后。目前，就业率是大家公认的评定一所高校教学质量好坏的关键指标。在这种意识形态的引导下，大部分高校追求学生就业率，对大学生创业教育关注较少，则必然是情理之中的事情。而处于此旋涡之中的教师的教学也必然是为就业服务的。二是学生的自主创业意识淡薄。大学生在家长“自主创业没有面子”的旧观念的影响下，自然将公务员和白领工作作为理想职业的首选；若无法从事这种理想职业，则通过考研来实现；自主创业则是大学生最后的被动选择。此外，创业教育未正式纳入高校的课程设置体系。目前虽成功举办了几届创业“挑战杯”，但发展到现在，其培育大学生创业的性质已发生变化，一些学校在活动中推出的创业计划大多以教师为主体，学生沦为参赛代表。创业教育在高校的普及推广率比较低，至今还仅是少数人的创业活动，而不是多数人的“创业教育”。

二、创业教育的实施中存在阻力

高校—社会、制定人—教师、制定人—学生、教师—学生都存在不同程度的障碍，高校—社会障碍的存在使创业教育脱离实际需要，无法培养出真正的创业人才，无法充分发挥高校人才与企业资本间的优势，无法实现人才与资本的有机结合；制定人—教师障碍的存在使教师只能按照学生处或团委的需要和学校提高就业率的目标开展教学，无法从本质上引导学生创业；制定人—学生障碍的存在使创业教育课程趋于条框化、理论化，缺乏实际操作性，无法从根本上引发学生的学习热情；教师—学生障碍的存在使创业教育课程在选择教材方面也存在很大的局限性和滞后性，无法适应学生和时代的需要。学生仅作为被动的接受者，其主动性和创造力无法得到充分发挥，最终使本来具有创业禀赋的 30% 的在校大学生的创业激情消失殆尽。在上述四种障碍的综合影响下，这种缺乏系统性的创业教育未必能够获得理想的效果。

三、对大学生创业教育的研究不充分

当前，对大学生创业教育研究的理论体系虽然已初步形成，但是还处于前期积淀阶段，对大学生创业教育的理论研究还非常不足，缺少更深入、更系统的研究，且没有形成系统的理论框架和研究体系，主要表现在以下几个方面：第一，目前高校基本上都是管理学方面、教育学方面、经济学方面的教师，或者是团委、就业指导中心等部门的工作人员从事大学生创业教育理论研究与实践，而真正从事理论研究的工作者少之又少，以实用主义为主。因此，在研究中缺乏一定的理论性和深刻性，一些重大问题被回避，或是得不到应有的重视。第二，缺乏将实践上升到理论高度的意识。教育者受自身理论水平和工作者理论研究环境的限制，导致一些在教育实践中总结出来的比较有特色的新方法、新思想无法真正得到体现，影响了实践经验的总结和新理论的形成。第三，关于大学生创业教育中的教育机制、教育保障、教育规范、教育方法等理论系统以及如何提高大学生的创业道德、创业理想、创业品质等都没有进行更深层次的研究。第四，目前关于大学生创业教育研究中所表现出来的理论系统论述的薄弱，理论研究的不够深入以及对创业教育实践中经验教训总结的不够等，都是导致理论研究最终不够“务实”，不能够能动地指导实践的重要原因。

四、对大学生创业重视度不够

（一）对学生关注度不够

从现实来看，科技进步、市场变化所引发的社会竞争尤其强烈。由于经济与科技在竞争中与人们的物质利益直接相关，并且可以通过指标化和量化来进行比较，这样可以直观地看到其优势所在，精神和道德则因为难以直接比较而常常被忽视。其中，市场经济的投机性、自发性以及逐利性都会诱发极端的拜金主义和享乐主义。现实生活中存在的冷漠、虚假、金钱至上等乱象将严重腐蚀民众的价值观，使整个社会只是更多地去关注大学生的创造利润的能力和竞争本事，而忽视了他们的内在品质，如创业精神、创业信念等，从而造成整个社会对大学生创业教育的关注度和重视程度较低。

（二）学校教育存在偏差

第一，我国高校的教育过于注意传承而忽略了革新，过于重视对知识的传授，而忽略了培养学生的创造思维和创业能力。与此同时，高校的教育由于过分强调整齐划一，如全校或整个学院实行统一大纲、统一教材，围绕教学计划统一考试，而忽视了个体之间的差异性。这种教学模式下培养出来的大学生无论是从知识结构来看，还是从能力结构和思想来看，容易出现雷同现象，学生鲜明的个性、创见、创新能力的发展和个性的张扬都将难以显现。目前，我国大多数高校缺乏对创业教育重要性的认识，没有把该项工作放到应有的位置上。

第二，高校对创业教育认识存在误区。在创业教育开展过程中，部分高校将创业教育简单理解为创业技能的培训，肤浅地认为创业教育仅仅就是培训大学生学习技能和技巧，而不是去引导大学生形成良好的创业观念、创业意识和创业品质等。同时，当前高校大学生创业教育指导工作大多是由缺乏创业经验或创业体验的团委工作人员、班主任和辅导员承担，他们很少在大学生创业教育中进行专门的思想政治教育，在具体指导时仅仅宣讲一些创业常识、创业政策以及创业形势等。

第三，高校创业教育管理失序。目前，我国高校普遍存在这样一种情况，就是在有限的条件下不断扩大学生规模，却不加大相应的教育投入，无论是硬件方面还是学校的管理理念方面，均表现落后，或者渠道不畅（特别是实践环节不畅通），创新机制不健全，最终阻碍了大学生创业教育的开展。

第四，创业教育未能体现学生的专业特点。一项关于大学生创业的调查显示，在选择创业道路时，有 26% 的学生选择依据自己对某一行业的熟悉程度，21% 的学生选择依照自己的兴趣，48% 的学生选择了市场需要，只有 5% 的学生选择了所学专业。

如何提高大学生创业实践的“专业技术含量”是摆在大学生创业教育面前的一大课题，也是一大难题。

（三）家庭教育方法不当

家庭原因主要是指家长认识存在误区。当代大学生的父母大多都经历过计划经济时代并深受传统思想影响，因此很多家庭并不认同大学生毕业后创业，父母都希望自己的孩子毕业以后寻求一份比较稳定的工作，倘若选择去创业，当初还不如不去读大学。还有一个原因就是在我国当前的大学毕业生中，独生子女占很大的比例，他们的父母更不允许自己的孩子选择充满风险和不确定因素的职业，很多大学生创业激情淡化和减弱在很大程度上是由于创业教育与家庭观念的不可调和的矛盾。

（四）学生观念存在误区

马克思主义哲学认为，事物的发展都是由内因和外因共同作用的结果，内因是事物发展的根本原因，外因是事物发展的条件，外因通过内因起作用。因此，大学生创业教育的关键在于大学生自身。首先，大学生在思想观念上存在着困惑、矛盾以及一些不容忽视的问题。具体表现为部分学生对中国特色社会主义的认识并不深刻，仅仅停留在感性的、片面的甚至是错误的层面上，对一些社会现象和问题感到不解和困惑，例如，一些领域的腐败现象、社会治安问题、经济发展的不平衡等。不可否认，我国正处在社会主义初级阶段，确实是一方面问题不少，另一方面形势大好。大学生自身的认知能力还不能对社会中存在的这种矛盾现象做出准确的分析和判断。因此，透过表面的冷静，大学生的内心其实暗藏着浮躁和不淡定。这都增加了大学生创业教育开展的难度。其次，部分大学生的内心存在过多的不实之处，具体表现在以下几个方面：一是虚假，即表里不一，诚信不足；二是虚无，好像对什么事情都无所谓，不知道他们内心真正需要什么，甚至他们自己也不清楚；三是虚幻，这部分学生眼高手低，大事做不来，小事看不上，缺乏精神支柱。创业是要经过努力开创一番事业的，而不仅仅是为了找到一个岗位，创业者必须要有自己的理想和抱负以及强烈的事业心和进取意识。但是，目前很多大学生好像并没有认识到这一点，他们缺乏创业不可或缺的冲动和激情。他们深受传统思维的影响，认为毕业之后最好的出路就是找一家不错的单位，然后按部就班地发展和升职。大部分学生根本就没有想过自己去开公司、办企业。有的大学生则是对创业的理解过于狭隘，只有“小聪明”，没有“大智慧”，仅仅看重个人的“钱”途，而忽略了国家、社会的利益。这些都造成了当代大学生对创业教育的漠视。

第五章　国外创业教育的启示

第一节　欧美国家创业教育状况

一、美国创业教育概况

（一）美国创业教育的发展

美国是较早进行大学生创业教育的国家。1947 年，哈佛商学院的 Myles Mace 教授率先开设的“新创企业管理”课程被众多的创业学者认为是美国大学的第一门创业学课程，也是创业教育在大学中首次出现。南加州大学于 1971 年设立了有关创业的硕士学位。经过 70 多年的岁月洗礼，美国创业教育取得了长足发展，政府将其作为优先领域，在政策上给予了相关的支持、引导和规范。

目前，创业教育已成为美国教育体系中的一个重要组成部分，发挥着越来越重要的作用。创业文化是美国创业教育发展的内生环境，美国文化传统鼓励通过个人奋斗获得经济上的成功，移民文化使美国人具有敢于挑战、敢于冒险的创业精神，因此整个社会重视和支持创业，宽容失败。

美国是一个创业型社会，即使在经济衰退时期大企业规模缩减的情况下，小企业的数量也在不断增长，并为人们提供了新的工作机会。据美国小企业管理局统计，在 1987—1992 年，雇员少于 500 人的中小企业雇用了 53% 的私人劳动力，占据了 47% 的市场销售份额，占美国国内生产总值（GDP）的 51%；三分之二的创新都来自小企业。美国的青年更是表达了强烈的创业愿望，在 18 ～ 29 岁的青年中，超过 60% 的人想拥有自己的企业，80% 的 18 ～ 34 岁的青年想成为企业家，他们的创业动机中个人独立的愿望超过了对财富的追求。在多元文化环境中，美国的少数族裔和其他一些弱势群体也将创业成功视为实现个人价值、进入主流社会的一个途径。据美国商务部的统计，在 1987—1992 年，美国黑人拥有公司的数量从 424165 个增加到 620912 个，增长了约 46%。

美国创业教育在发展进程中获得了来自政府组织、非政府组织、企业、企业家和校友等全社会的资源支持，构建起了创业教育的支撑网络。例如，美国中小企业管理局为准备创业和在创业中的小企业提供低收费甚至免费的技术支援。设在大学内的中小企业发展中心随时为准备创业的个人提供咨询，并通过举办研讨会为创业提供服务。退休主管服务队是一个由具有多年经营和管理经验的退休人员组成的志愿者咨询团，他们通过网络和实地考察为创业者出谋划策、排忧解难，每年参加咨询超过 30 万次，具有良好的社会声誉。美国的创业教育得到了社会资金的大力支持，如考夫曼创业流动基金中心、国家独立企业联合会、新墨西哥企业发展中心等机构以提供经费赞助创业大赛、奖励创业教育的优秀学生、开发创业教育课程等方式对创业教育提供资金赞助。对于刚刚起步的我国创业教育来说，建立一个完善的创业教育支撑体系十分重要。对创业的资金、政策、服务等的有力支持是创业教育的源泉，否则创业教育就成了无源之水，同时创业教育在师资培训、课程开发、外联活动、教学活动等方面必须获得来自政府、企业和企业家个人等各方的支持。

创业研究与创业教育实践相互促进。在众多学者的不懈努力下，美国管理学会于 1987 年将创业研究作为一个分领域正式纳入了管理学会，成立了美国管理学会创业部。美国创业教育在发展过程中已经形成了完善的创业研究和教学体系，两者相互支持、相互促进。早在 1970 年，美国第一次创业学术会议在普渡大学召开，共有 42 位学者在会上发表了关于创业研究的观点，此后类似的学术会议定期举办，并出版了会议记录。百森商学院自 1981 年起每年举行百森创业研究年会。创业研究的学术交流活动为创业教育奠定了理论基础，使创业理论和创业教学实践实现了互动支持。有关创业的专业学术期刊为创业研究学者提供了发表研究成果和相互交流的平台。美国的创业学术期刊已达44种，其中4个顶级期刊被编入社会科学引文索引（SSCI）。

另外，越来越多的一流商学院，如印第安纳大学、科罗拉多大学、雪城大学、佐治亚大学和西部保留地大学等设置了创业学博士学位，以满足创业教育对高层次的研究型师资日益增长的需求。

（二）美国创业教育的特征

1. 教育理念的战略性

美国大学生创业教育致力于“为了每个学生的自由发展服务”，目标是促进学生的多元化发展，并非仅仅是获得一份工作的“就业式教育”。百森商学院强调发展适应“创业革命”时代的大学创业教育，不以追求眼前的功利为目的，以造就“最具有革命性的创业一代”为其价值取向。[1]

2. 教育过程的终身性

美国创业教育协会提出，创业是一个终身的学习过程，创业教育是一个涵盖了从初等教育到高等教育的全方位教育体系。

3. 教育资源的整合性

美国的政府、社会、学校为大学生创业者提供了便利的条件，包括简便的新公司申请手续、健全的信用制度、充足的资金支持、广泛的社会援助等。同时，灵活的教育体制为大学生创业提供了充裕的时间。这样就形成了一套“政府、社会、学校”相结合的、良性互动的创业教育生态系统，为大学生创业提供了有力保障。美国高校管理层对创业教育的高度重视有力地推动了创业教育的发展，很多学校的校院级管理者都在创业教育体系中担任重要职务。在创业人才培养的实践中，重视制度化的工作网络建设，包括校外、校内两个层面，如一些大学联合制订“创业奖学金计划”，向这些会员单位中有志于创业的师生员工和校友开放，为他们提供包括场地、经费资助和指导建议在内的支持，校内层面旨在推动建立学生创业的网络，包括学生创业论坛、学生创业管理者、创业课程讲师，以及由商学院为全校学生提供的小企业教学模块等。

1 房欲飞．大学生创业教育的内涵及实施的意义［J］．理工高教研究，2004，23（4）：76-78.

4. 师资队伍的专业性

美国十分重视对教师的创业教育培训，首先，要求教师参加创业模仿活动，获得创业体验。其次，对教师进行培训，使之能够了解有关创业教育的教学知识。最后，召开讨论会，互相交流创业教育经验，从而提高教师的创业教育水平。有的高校建立了创业研究所，从事独特的创业教育研究，如伊利诺伊大学 1982 年就成立了创业研究所。百森商学院有 35 名专职从事创业教育和研究的教师，共计开设 33 门课程。新加坡很多大学商学院、管理学院的教授都有创业的经历，并担任过或仍担任着一些企业的外部董事，这使他们对创业领域的实践、未来发展趋势以及创业教育的社会需求有着敏锐的洞察力和良好的把握能力。

5. 课程设置的丰富性与系统性

美国在学生的小学、初中、高中、大学以至研究生阶段，都普遍开设就业和创业教育课程。在基础教育中，创业教育主要以提高职业兴趣为目标，除了开设创业课程外，学生还可按照个人兴趣自行学习某些职业技能。特别是到了高中阶段，每人必须修满 10 个学分的职业教育课程。斯坦福大学在课程体系构建中始终坚持文科和理科相结合、教学和科研相结合、文化教育与职业教育相结合的原则。将创业教育渗透到课程设置中，在基础课方面，注重拓宽基础性课程，减少专业课程，在课程设置上注重文、理、工多学科相互渗透，增加综合性跨学科课程，鼓励学生跨学科选修其他领域的课程。学校单独开设创业教育课程，创建了较完善的教育实践体系，注重培养学生的科研能力和职业技能。

在许多高校，不仅商学院开设了“创业机会识别”“创业法律概论”“创业营销”“微小企业管理”等创业课程，还将创业课程整合到其他学院和专业课程教学中，通过跨学科教育模式重构整个学科教学过程，有效地实施创业教育。美国创业教育的课程内容丰富，实现了与各种创业活动紧密关联。

美国大学生创业实践活动实现了课堂教学与实践的结合，是对学生进行创业教育的一种有效形式。“创业计划”项目是指一无所有的创业者就某一项具有市场前景的新产品或服务向风险投资家游说，以取得风险投资的可行性商业报告。“合作计划”项目是指高校与公司、非营利性机构、政府机关合作，让在读的大学生定期到他们的机构进行一定时间的工作实践。暑期社会实践既是一个个体独立的体现，又是个人融入社会的体现，更是大学生创业实践活动的有效形式。

二、德国创业教育概况

与美国一样，德国同样是现代大学模式的发源地，其高校创业教育也一直走在世界前列。因此，总结分析德国大学生创业教育积累的宝贵经验，对推动我国大学生创业教育发展也具有重要的实践指导意义。

（一）德国创业教育的发展

20世纪50年代，创业教育主要面向职业学校经济类专业的学生，其目的是丰富学生的专业能力，提升个体社会实践能力。这一时期的创业教育被称为“模拟公司”式的教育。从本质上说，这只是创业教育的萌芽。

20世纪70年代中期，科隆大学、多特蒙德大学、斯图加特大学开设了一系列创业课程，并设立了创业教育中心。在大学建立了创业教育的教授席位制度。首先，在以商贸和手工业培训为主的非全日制学校开设创业教育课；其次，在全日制大学正式开设创业教育课；最后，创业研究的领域逐渐从工商管理专业扩展到其他专业，形成了以社会科学、自然科学、人文科学为基础，结合各高校特色的创业研究和创业教育体系。例如，波茨坦大学偏重艺术设计的创新培训课程，柏林洪堡大学开展了高新技术创业理念培训，科特布斯大学开设了专业创新课程等。科隆大学、斯图加特大学也零星开设了创业课程并开展了一些研究工作。

20世纪80年代，多特蒙德大学设立了创业教育研究中心，至20世纪90年代中期，由于失业率激增，人们迫切希望政府能营造更好的创业环境以提供更多就业岗位。自此，德国政府和高校开始全面重视创业教育。20世纪90年代后期，德国各类机构与企业大量裁员，大学生传统就业市场出现萎缩，就业难成为无法回避的重要问题。于是，德国政府与各大高校纷纷加快了创业步伐。而且，为了推动创业教育的发展，德国政府采取了多项政策，1998年启动了“EXIST”计划，促进高校提高科研成果转化率，支持大学衍生新企业。该计划不仅促进了大学自身的教育变革，还改善了创业环境，培育了创业文化。

自进入21世纪以来，德国日益形成了相对完整的创业教育体系，提出了创业课程的基本理念、主要构成与实践路径。

2009年，慕尼黑大学的查理德·韦伯等三位学者的研究表明“德国每年创办的企业约有45万家，其中有11万余家能在竞争中存活下来”[1]。这与创业教育的发达有很大的关系。

至2017年底，德国开设创业教育课程的大学由20世纪90年代的25所增加到上百所，设立创业教育课程学位教授职位的高校也从20世纪90年代的10余所扩大到几乎所有的大学，创业教育在德国各类高校普及开来。目前，德国已经基本形成了创业教育政策健全、创业教育课程完善、创业教育管理科学、创业文化浓厚的高校创业教育体系。在创业教育的引导下，德国大学生创业教育意识得到显著提升。

现在的德国注重高校和企业协同合作，构建了各种各样的孵化模块，为大学生创业提供了服务机构和场所，更重要的是通过降低大学生入驻孵化器进行创业的门槛，以政府补贴方式进行资助，保障和激励大学生创业。在创业合作网络建设方面，高校注重与行业企业、科研机构等建立广泛的创业合作网络。例如，慕尼黑工业大学与相关企业建立了一种互动互利关系，创业合作网络不仅加强了学校与企业、科研机构等的沟通和联系，还加强了创业网络内部各个体之间的联系和交流。

（二）德国创业教育的特点

1. 针对性强

学生根据自己的爱好和知识基础选择不同的学校，如职业培训学校、职业高等学校或综合性大学。职业培训学校和职业高等学校注重培养学生的一技之长，更多地进行生存性创业教育，而综合性大学创业教育更注重结合学生的所学专业进行创新理念和商业模式运作，对创业精英和高质量的创业项目进行重点扶持。柏林工业大学的大学校园孵化器便是促进这种知识转化的一个很好的实证。一些大学毕业生可以凭借富有创意的高科技设计或作品，或者市场定位准确的商业运作模式，得到进驻孵化器的机会。进驻的创业团队从商业计划书策划到创办企业过程中碰到的问题，如商业运作或技术支持等问题，都可以得到大学校园孵化器导师的指导和支持。这样有针对性扶持成立的公司技术含量比较高，创新性强，当走出孵化器时，有些创办的企业

1 蒲清平，赖柄根，高微．中德大学生创业教育比较 [J]. 中国青年研究，2010（12）：89-92.

得以在激烈的竞争中生存下来，有些通过并购或重组转化到大公司，还有一些把知识产权出售给有意愿的公司。

2. 重视创业教育和实践相结合

德国对创业教育的目的以及创业教育应担负的社会责任有深刻的理解。以柏林自由大学为例，从 20 世纪 80 年代开始，大学教授面向学校和社会定期开办创业培训和年度创业峰会。他们从自己的创业经历中分析影响创业的因素，剖析在创业过程中各种创新理念形成的原因和模式，认为创业教育要强调创新思想的产生，充分挖掘创业者的创新潜能，形成创新理念并运用到商业模式中。这种强调创新理念并培养人们在实践中发掘创业机会和创新思想的教学方式深受大学生和社会创业人士的欢迎和肯定。

3. 注重宏观和微观创业环境建设

宏观的创业环境包括经济环境、政治环境和社会文化环境。在优化经济创业环境后，初创企业享有平等的优惠政策，如减免税收、信息透明、银行低息或免息等；在政治环境方面，私有财产权和专利权得到充分尊重和保护；在创业文化氛围方面也有很多尝试和努力，如强调环保节能的生活方式，培养个性发展和创新意识、冒险精神；表彰长期致力于创业教育和创新能力培养，并对社会产生积极影响的学术精英。

4. 创业教育贯穿小、中、高三阶段

与大多数国家的创业教育相比，德国创业教育实施的最大特点则是贯穿教育全过程。它不但开设于高等教育之中，而且在中小学阶段便已经实施。

在德国，学生在小学阶段便基于社会科学与自然科学对学生进行思维能力启发，培养学生的创新能力。到了中学阶段，学校则开设预备职业教育，除了给学生分享真实的创业案例外，还积极地为学生提供各种场所、设施与条件，鼓励学生走出课堂。在高等教育阶段，则对大学生的创业意识与创业能力进行集中培养，让学生了解创业过程，促进具有潜质与创业意愿的学生快速成长。从创业教育实施阶段来看，虽然德国中小学教育也鼓励与培养学生创业，但其重点是在高等教育阶段，主要是为了培养学生的团队协作能力与创新精神，以提高学生的综合素质。在德国各阶段的教育之中，德国政府均有相关教育政策来扶持学生创业尝试与创业实践，尤其是针对大学生创业的扶持策就有 20 多项，这对大学生创业教育与创业实施有着较大的促进作用。

5. 强化跨学科能力与孵化模块育人作用的发挥

德国高校的课程教育非常注重跨学科能力的培养，这无疑为大学生创业思维的培养与能力促进奠定了基础。国内各类专业学生在学习过程中，专业性学习相对较为突出，跨学科的能力则相对较弱。借鉴德国创业教育经验，国内高校各类专业在课程设置过程中，在突出专业发展的同时，还要考虑学生跨学科能力的培养。各类高校可以与科研机构、中小企业联合办学，实行多院系联合培养，通过开设跨学科的相关课程，促进不同学科之间知识与能力的提高。

在教育实施的过程中，要积极增设与创业教育相关的、有针对性的课程，使学生跨学科的知识与能力得以融合与激活。同时，在大学生创业教育促进过程中，要积极与企业进行合作，可以将个体创业教育促进划分为孵化式模块，高校、企业与政府三方以孵化模块模式为创业个体提供技术支持、市场化支持、政策与资金支持。可以在高校内与企业合作开辟出一系列“孵化基地”，供创业人员使用。其中，企业的参与仍是创业教育的核心。高校需积极引入企业的技术支持、咨询服务，采用“走出去”和“请进来”相结合的方式，或邀请创业专家进行授课或举办讲座，或安排学生深入企业感受与学习创业知识，架起理论学习与个体亲身实践的桥梁，提高创业个体的创业素质。

三、英国创业教育概况

英国大学创业教育经过了较长的发展时期，形成了较为完整的大学创业教育整体发展框架。英国科学创业中心和全国大学生创业委员会成为英国创业教育管理的重要组织。近年来，“英国高校创新创业教育课程的普及率也相当高，已形成了贯穿中小学、大学、研究生、社会人士的全面课程体系”[1]。尤其是在英国大学中，在创业教育全社会支撑体系下，积极通过创业实践提高大学生创业能力，缓解了社会就业压力。

近年来，英国大学生创业教育环境发生了新的积极变化，先后出台了包括《全国大学生创业教育黄皮书》在内的政策规划、执行报告、调查分析报告 20 余项。具体内容涉及扩大创业资金来源、推动实施各类创业项目、探索建设创业型大学新模式、构建创业教育目标和教学方法的基本框架、建立

1 徐小洲，梅伟惠．高校创业教育的战略选择：美国模式与欧盟模式 [J]. 高等教育研究，2010，31（6）：98-103.

多维创业教育评价体系等多个领域。英国通过系列政策、战略规划、行动计划等，力求在全国范围内形成创业文化，从而在高收入国家中占据创业教育的比较优势。

（一）英国创业教育的背景

1. 良好的政策环境推动大学生创业教育实践

自 2007 年以来，英国从事创业教育管理及创业教育教学的人数不断上升。创业教育新政策在不同层面、不同范围对英国的创业教育及实践产生了积极影响。

2. 区域经济社会发展与大学生创业实践的相关性日趋紧密

据全国大学生创业委员会的调查报告显示，英国社会普遍认同国家竞争力的提升和未来经济的繁荣主要依靠知识、创新与创业，创业是创新成果引入市场并得以推广的主要媒介。英国企业数量增加迅速，为社会提供了大量就业岗位，催生了包括软件、生物工程、创意产业、个人服务等在内的许多新兴行业，成为英国区域经济的有效增长点。

随着大学生自我雇佣水平的不断提升，英国大学参与区域发展战略制定与实施的步伐也在逐步加快。Mason 教授论证了大学创业教育对商业产出率的推动作用以及大学生创业实践活动、参与区域发展战略的制定与实施对经济复苏的贡献。

3. 创业教育经费来源多元化推动大学生创业教育实践

自 1987 年英国政府提出并实施“高等教育创业”计划以来，英国大学创业教育发展 80% 的经费支持来源于政府。目前，政府作为大学创业教育实践投资主体的角色并未改变，但资金来源途径得到了较大拓展。依据全国大学生创业委员会和小企业与创业机构联合发布的报告，高等学校接受所有外部创业教育的资金，主要来源途径扩充至 11 种渠道。而政府投资主要由七部分组成。随着投资主体以及投资方式的多元化，相应产生了较为丰富的创业实践项目，吸引了更多学生参与创业实践，提高了创业参与率。

（二）英国创业教育的发展

英国大学生创业教育的发展由于受到不同时期社会的经济、政治、文化、教育等因素的制约，其对高等教育的作用也有所不同。英国大学生创业教育可以划分为三个阶段。

1. 萌芽期（20 世纪 70 年代）

1973 年，石油危机的爆发导致通货膨胀严重，影响到其高等教育的发展，主要体现为政府对高校财政的紧缩，减少了对大学的拨款。这虽然导致了大量学术人才外流和高校教育质量的下降，但是也在某种程度上推动了大学与工商界的合作，以获取经费支持。很多高校鼓励企业参与高等教育，联合培养教授学生，或让企业家参与教学工作。这一时期，科技园成为大学生创业教育兴起的场所，也为以后创业教育师资队伍的建设和大学生创业场地的提供创造了条件。同时，石油危机引发的经济衰退使传统产业的岗位越来越少，导致大批青年失业，这也刺激了技术的进步和产业结构的调整。在工党执政后，采取了一系列紧急措施恢复经济，如由政府出资举办的，以推动再就业为目的的“培训机会项目”“青年机会项目”等，就是希望通过培训提高青年的工作技能，以解决其失业问题。

可见，英国创业教育的开端是以对失业人员进行短期培训，让青年重返劳动力市场为主。这一时期，一些高校兴起了以岗位职业培训为特征的创业教育。该教育模式以企业家速成为目标，主要通过鼓励大学生创业来促进其就业，在价值取向上带有明显的功利性。

2. 快速发展期（20 世纪 80—90 年代）

英国的大学生创业教育在经历了萌芽期之后，迎来了它的快速发展期。20 世纪 80 年代，英国高校掀起了从“研究型大学”到“创业型大学”演变的第二次学术革命，如帝国理工学院、普利茅斯大学、爱丁堡大学、布鲁内尔大学等英国高校纷纷开始营造创业文化氛围、开设创业教育课程、开展创业实践。高校创业教育的长足发展与英国政府对大学生创业和创业教育在政策上给予的支持、引导和规范是分不开的。1987 年，英国政府启动的旨在培养大学生的可迁移性创业能力要求将与工作相关的学习纳入课程之中，并鼓励学生为自己的学习负责，“高等教育创业”计划开启了高校大学生创业教育的开端。

在这一阶段，创业教育的研究者们不再单纯地关注创业教育的课程传授，而是开始将关注点聚焦在如何培养学生的创业兴趣、开拓其创新思维、增强其创新技巧方面，也更加注重创新企业生产的规律总结，从本质上提升了大学生的创业综合素质。之后，又历经了七年左右的时间，英国政府为了着力提升学生的创业能力，颁布了《高等教育创业规划》，该文件旨在通过各种创业方面的教育活动或者教育形式，让学生意识到创业的重要性以及提升自身创业能力的紧迫性，从培养学生的责任心、进取心、创新思维、人际沟通以及职业规划等方面入手，提升学生的创业素养。

英国高等教育调查委员会通过对英国高等教育的全面调研，充分分析和把握了英国高等教育实施过程中存在的问题及未来发展方向，对英国高等教育的形式、结构和资金支持情况等也有了全新的理解。除此之外，该报告的另一个重要价值还在于它不仅对人才与社会之间的关系进行了充分分析，还提出了应当着力改善现有创业教育队伍、培养创新思维等重要观点。《我们的竞争——建设知识经济》一书也致力于鼓励本国高校更多地开展创业教育，与此有着异曲同工之处。英国这一时期的创业教育主要突出两个着力点：一方面要着力培养学生的创业技能，增强学生创业的综合知识水平；另一方面则着力通过各种创业实践活动让学生从根本上扭转就业意识，让学生在实践中发现创业的优势以及如何更好地通过创业实现就业。

20 世纪末期，科技驱动发展，科学技术为国家经济所带来的巨大支撑作用日益明显，英国政府越来越意识到科技创新的重要性，于是开始加大对中小企业创新产业的支持力度，各种优惠政策纷纷出台，为中小企业的崛起和发展提供了广阔的空间，同时巩固了大学生的创业理念和创业信心。在这些支持举措中，比较有代表性的是 1995 年英国政府专门针对中小企业所开放的股票融资平台，这为中小企业的发展带来了资金的融入，也为英国的创业教育实践打下了良好的基础。

3. 成熟发展期（21 世纪以后）

21 世纪初，英国政府积极转变创业教育方式，将着眼点放在了构建创业文化氛围方面。英国政府发布的《全国大学生创业教育黄皮书》等相关政策文件、调查报告，进一步推动了英国高校创业教育的发展，为创业教育的繁荣提供了根本保证。

在英国政府看来，创业价值的实现要以浓厚的创业文化氛围作为依托。此外，英国政府还从资金政策支持以及大学生的创业教育课程设计等层面做了诸多努力，这些都极大提升了大学生的创业积极性，也增强了他们的创业信心，为创业文化桥梁的搭建做出了一定贡献。大学生创业教育的蓬勃发展以至不断走向成熟都离不开社会群体力量的参与，无论是企事业单位，还是高校的教育工作者，都为其付出了相应的努力，并且通过社会各界人士的不断努力取得了一定的效果，英国大学生创业文化在日趋完善、不断进步。1999 年，英国成立了高校创业教育的管理组织“科学创业中心”，该创业中心作为一个容纳了多个创业教育中心的组织团体而存在，其存在的意义在于进行各种创业教育活动，将创业教育与企业生产相结合，并积极促进对科技创新的服务等。2004 年 9 月，“全国大学生创业委员会”成立，它除了开展创业教育、帮助大学生创业、提供创业教育师资培训外，还通过多种渠道对大学生创业教育进行理论总结，鼓励专家学者积极进行大学生创业教育方面的研究，并进行经验总结，使政府掌握大学生创业教育政策实施的主动权。在政府推动和社会资助下，英国大学生创业教育形成了完备的教育教学体系，且具有显著的英国特色。

（三）英国高校创业教育的特点

1. 非功利性的创业教育理念

英国高校创业教育的理念是塑造英国创业文化，培养学生的创业精神、素质及能力，并鼓励学生在适当的时候创业，创业教育不仅是为了创业，而且是为了使学生更好地理解商业和更好地适应工作岗位。

英国高校创业教育的理念可以分为两方面——精神方面和物质方面，精神方面是培养学生的创业精神和创业素质，提升英国创业文化环境；物质方面是在适宜的时候鼓励学生创业，以促进国家经济社会的发展。

2. 成熟的创业教育课程体系

目前，英国高校创业教育课程主要分为两种：一种是“关于创业”课程，是为了使学生能够系统掌握创业的理论、观点和技能；另一种是“为创业”课程，是与创业活动直接相关的课程。“关于创业”课程通常以创业基本理论与技能作为编制依据，从相应创业相关领域中选取知识、编排课程、进行教学。“为创业”课程注重培养学生的实践能力，强调创业课程要与创业实际相关联，最大限度地接近真实创业活动过程。广泛开展创业选修课是英国多所名校推进创业教育的重要方式，如伦敦商学院通过在 MBA 项目中设立创业选修课的方式拓宽了创业教育的普及面。

不仅如此，各种选修课程还灵活多样，学生可以根据自己的兴趣进行自由选择，充分尊重了学生的主体性。除此之外，创业教育课程还会根据教学对象的不同，进行不同的划分，本科生、硕士生和博士生的课程内容和形式也不相同，通过这样的课程安排，有效满足了不同专业、不同学历学生的不同学习需求。

3. 专业的创业教育师资团队

英国从多渠道引进师资，目前已经形成了成熟的教师队伍，无论是在理论上还是实践中，都能给予学生较全面的指导。2007 年，全国大学生创业委员会报告《英国高等教育创业发展的优秀实践》中表明，英国创业教育师资主要来源于两大主体：一个是大学专业教师，其具有较好的学术研究基础，但实践经验较少，更加倾向通过传统方式进行教学，传统商学院模式的教师大多是此类教师；另一个重要主体则是从著名企业聘请的创业投资家、咨询师、企业家等具有实际管理工作经验的人员。由于创业教育具有较强的实践性，经验课程在课程体系中占有重要地位，此类课程的讲授需要教师具有实际管理或者创立企业的经验，因此英国许多大学的创业教育课程聘请了创业兼职教师，"他们往往具有建立企业的实际经营，并以客座教师的身份……使学生能够获得更多接近现实情景中的创业经验"[1]。英国高校创业教师的培养途径也非常多元化，主要途径有搭建创业师资培训平台、建立区域性创业师资培养项目、强化校企合作为师资培养寻求多方支持以及加大创业学研究生培养等。这些多元化的教师培养途径保证了英国高校创业教师的供给。

4. 多种多样的创业教育方式

英国高校实施创业教育方式多种多样，主要表现在以下两个方面。

一是在课堂教学上，教学方法多种多样。除了传统的讲授法、案例教学法外，还有讨论法、从"做中学"、小组互动教学法等教学方法，注重对学生创业能力的培养。

二是课外创业活动多种多样。英国高校力图通过各种创业实践活动，给学生提供实践锻炼和提升自信心的机会。典型的创业活动有商业竞争计划、商业比赛、各种创业项目等。

5. 全方位的创业教育支持体系

目前，英国政府、企业、高校、校友等形成了广泛的创业教育支持体系。首先，政府在不同时期通过制定各种法律政策、加大资金投入与设立各

1 胡瑞．新工党执政时期英国高校创业教育研究 [M]. 北京：高等教育出版社，2013：124.

种创业教育基金来支持创业教育的发展。其次，英国的企业界非常愿意对高校创业教育提供帮助，企业界人士通过大学邀请，在高校兼任教师进行创业教育指导工作；企业界人士通过参加高校举办的各种创业大赛活动，提供活动经费，支持高校创业教育实践活动；此外，企业界人士还让大学生到公司实习等。最后，在英国高校内部，高校提供了大量的创业教育课程、雄厚的师资力量以及丰富多彩的课外创业大赛。英国高校建立了完善的校友网络，他们也会通过捐赠、提供实习机会、提供创业帮助等方式促进母校创业教育的发展。

（四）英国高校创业教育的模式

英国大学生创业教育的模式分为传统商学院模式和互动模式。这两种模式均为特定历史阶段发展的产物，各有良好的发展前景，值得一提的是，两者在以下几方面还有很多相似之处。

1. 创业教育理念

两种模式的创业教育理念都是高等教育的创新理念。英国高等教育创新理念旨在促进人的全面发展，培养学生的创造性思维和创新性思维，培养学生的实践动手能力和研究能力。高校创业教育是以培养学生的创业素质为核心的。

2. 创业教育课程

两种创业教育模式开展的创业教育课程的种类大体上是一致的，都分为选修课和必修课。传统商学院模式要求学院的所有学生学习创业教育必修和选修课程，互动模式中也有必修课程，但大多数都是选修课程。两种模式除了注重理论课程的学习外，还比较重视实践课程的学习。对于实践课程的学习，主要是通过进行多种多样的创业项目来锻炼学生的实践能力。

3. 创业教育师资

两种创业教育模式的师资来源相似，主要来源于两大主体：一是大学专业教师，其具有较好的学术研究基础，倾向于以传统方式进行教学；二是来源于从企业聘请的创业投资家、咨询师、企业家等，他们大都是具有实际管理工作经验的人员，担任高校创业教育的教师、以客座教师的身份或者通过与校内教师联合为学生讲授创业课程，具有较强的实践性。

4. 创业教育方式

创业教育的主要方式是课堂教学、讲座和开展课外实践活动。在课堂教学的方法上，两种模式都采用了传统的讲授法和案例教学法，重视对学生理论知识的传授，加强学生对情景的理解。讲座也是两种模式进行创业教育的主要方式，通过邀请成功人士为学生讲授创业课程、传授创业经验，拓展学生的视野，激发学生的创业热情。除此之外，多种多样的创业项目和活动也是两种模式开展创业教育的主要方式，如传统商学院模式的代表是伦敦商学院的“影子经理”项目，互动模式的代表是牛津大学赛德商学院的“硅谷走进牛津大学”活动和“牛津大学商业计划大赛”。

5. 创业教育支持

无论是传统商学院模式还是互动模式的发展，两者都受到社会各界的广泛关注和支持，具有良好的创业氛围。两种模式的典型代表无论是伦敦商学院还是牛津大学的创业教育模式，政府、企业、高校自身和校友都为其创业教育的发展提供了支持。

四、加拿大创业教育概况

（一）加拿大创业教育发展

在加拿大，社会中的创业教育开展甚早，从 19 世纪中后期开始的密集地对个体经营农户开展的商务和技术培训研讨会，逐渐发展到了 100 年之后为商科学生设立的首个专门的大学创业课程。

并且，在过去 30 年中，加拿大出台了一系列新的社会和经济驱动文件，将创业教育带到了高等教育机构和公共决策者的议事日程前列。

创业教育真正出现在 20 世纪 70 年代的少数几所大学中，随创业教育的不断发展，如今几乎所有的大学或学院中都不难见到创业教育课程，有些高校甚至有独立的创业教育专业。

在加拿大，大学开设创业课程的数量从 1979 年的 72 门增加到如今的 500 门左右，在加拿大的多数大学中，至少提供一门课程创业。安大略省的一些高校早在 20 世纪 70 年代就已提出“创业教育”这一概念并开设课程。创业教育的高度发展出现在 1999 年，由布鲁克大学完善课程设置，并由约翰 · 多布森提供基金支持。伴随着上涨的课程数量，加拿大高校纷纷推出了创业学位、证书学位和专业课程。到了 20 世纪 80 年代中期，加拿大约克大学和卡尔加里大学提供了不少于两种的创业专业课程，让学生可以自由选择。2004 年，安大略省的六所高校开设了创业专业(三个本科专业和三个研究生专业)，大部分专业由商学院给予商学学士创业学位，一些工程学院也开设了创业专业，并授予工程学学士创业学位，在安大略省以及在加拿大其他地区，随着创业课程在大学和学院的增加，以及创业教育体系在完善规划的同时广泛普及和越发成熟地发展，校园中创新商业计划得到了各团体的支持，包括学生团体、校友会团体、社会企业以及社区政府决策部门。

在创业教育领域起步较早的加拿大，经过 30 余年的发展，已经形成了较为先进的创业教育理念和完善的课程体系，建立了众多条件完备的创业实践基地，并在全球高校创业教育领域中取得了显著成就。

（二）加拿大创业教育目标体系

加拿大创业教育注重创业意识和素质的共同培养。加拿大高校就创业教育的开展始终没有达成一个一致的概念性目标，但它们的目标体系是相同的。很多学者认为，创新和开拓精神是少数人天生具备的品质，是创业教育无法传授的。对此，高校创业教育的教育者们有着不同的看法。

加拿大高校创业教育目标分为几大类，其最主流的目标有两种：第一种是创业意识培养，第二种是创业素质培养。

1. 创业意识培养

创业意识包括很多种，如动机、爱好、信念以及经济变化中的商业嗅觉等。高校开展创业教育的目的就是引导学生具备发现创业机会的能力。通过开发自己的兴趣，在社会中找到适合的工作岗位。通过多渠道地对动态市场进行观察，发现适应当今市场的商机。评估商机的存活能力并运用现有知识及资源对商机进行开发，且高校创业教育的培养目标不只局限于自谋出路的毕业生，更希望受教者是有着自我创业和社会创业意识的高学历人才。在培养自我创业的基础上，培养具有社会担当的创业价值观，使高学历人才具有高度的社会责任感。这种社会责任感带来的使命感使受教育者在创业过程中不拘泥于眼前利益，而是放眼可持续发展且对经济有利的事业。

2. 创业素质培养

创业素质是可以学习的，其中包括对商业知识的掌握、对社会资源的整合能力和心理品质的培养。高校创业教育的基础是对商业知识的掌握。掌握商业知识和市场运作规则是创业的前提条件，其中包括经济原理、法律基础、市场营销学、人力资源管理学等一系列商业支持型知识。只有掌握了基本的商业知识，受教育者在日后的发展中才能有效把握商机并最终成立完整的公司或企业。整合社会资源是一门有规律可循的学问。一家公司可以从零开始，也可以是脱离母体形式的有一定基础的再创造。另外，加盟已具有一定实力和效益的大公司也可以成为创业的第一步。

高校应充分利用社会资源，使从各渠道得到的资源达到最大化，帮助受教育者成功开启创业的旅程。以上所有的创业行为都需要创业者具备良好的心理素质。创业教育的重点之一也在于使受教育者做好创业的心理准备，要求创业者具备独立、坚贞、敢为等心理品质。培养优秀的心理品质会使创业成功更有保障，创业者坚韧不拔的精神是创业不可或缺的因素。

（三）加拿大创业教育的特征

在加拿大，创业教育的重要性被越来越多的人所认知。近些年，加拿大政府部门及学术研究机构针对创业教育的发展状况在全国高校中展开了调查研究，总结出了当前加拿大高校创业教育的发展特点。

1. 先进的创业教育理念

在加拿大高校中，创业教育与学术教育和职业教育一样具有重要的地位。创业教育即企业家精神教育，加拿大高校把培养企业家精神作为学生通识教育的一部分，让企业家精神成为学生毕业时应具备的素质。虽然在加拿大高校中，学生在毕业时是否具备企业家精神并不影响其是否能够顺利毕业，但是加拿大高校确实是按照培养企业家的标准对其学生进行培养的。此外，加拿大高校还希望通过对学生进行创业教育培养，使学生系统而全面地掌握创业知识，以适应全球经济发展变化的需要，尤其是在工科类高校，创业教育逐渐被提升到战略性高度。

2. 完善的课程体系

据统计报告显示，加拿大有 200 余所高校为学生开设了 830 门以上的创业类课程。大多数加拿大高校都将创业教育作为一个专门的研究方向或者研究领域，并按照培养对象的不同，划分为本科生的创业教育和研究生的创业教育两种类型，每种类型都有各自完善的课程体系。加拿大高校的创业教育课程体系包含理论性课程和实践性课程两部分。这些课程按照模块划分，大致可分为五类：创业基础理论模块、创业中级理论模块、创业高级理论模块、创业实践模块、创业竞技活动模块。创业基础理论模块包括创业的基础知识性课程，如财务学、人力资源管理学、市场营销学等。创业中级理论模块则是对创业基础理论模块的扩展和深化。创业高级理论模块侧重从行业、市场的角度设置课程，包括市场战略决策学、特殊行业分析学等。创业实践模块则为学生提供将理论运用于实践的机会，这一模块的课程以场景教学和模拟实训为主。创业竞技活动模块是对创业实践模块的补充，通过为学生提供丰富的创业比赛，学生的创业能力进一步提高。这种完善的课程体系设计有效地保证了创业教育理论与实践的有机结合，使学生不仅能从课堂学习中获得创业所必需的理论知识，还能通过实践性比较强的模拟创业活动进一步提高自身的创业能力。

3. 众多条件完备的创业实践基地

加拿大高校在校内划出一定范围的土地用来建设创业实践基地，将其作为学生创业项目的运营场所，并免费提供网络、办公用品等配套设备以满足学生将其创新意识科技成果转化的需要，并对入驻创业实践基地的项目给予政策扶持。同时，加拿大高校通过积极寻找校外资源，为拓展学生创业实践基地提供渠道。众多条件完备的校内和校外创业实践基地为学生提供了模拟的市场环境，使学生获得团队合作能力、沟通协调能力和综合管理能力的锻炼。学生在这些创业实践基地中运营自己的项目，不断深入了解和认识自己，认识创业市场，为将来进入社会进行创业打下了坚实的基础。同时，这些创业实践基地与高校保持着密切的联系，在具体而又严格的管理和监督制度的保障下，创业实践基地得以有效运作。在加拿大高校众多的创业实践基地中，比较出色的创业实践基地均来自高校内部。此外，各类社会组织为学生提供的创业实践基地的运作效率也较高，如加拿大创业教育与发展中心、加拿大青年创业基金会等。

4. 注重大学生创业精神的培养

创业精神对就业者特别是大学生而言具有异乎寻常的重要意义。加拿大高校对大学生进行创业精神的培养，其目的就在于让学生秉承无所畏惧、敢闯敢干、勇于创新的创业精神，将创业的想法和理念付诸具体行动，在创业过程中注重把握时机，统筹身边一切优质资源，大胆进行创业规划和实践。加拿大高校在培养学生创业精神的具体教学实践中，充分利用各种教学模式与场景，力图使学生能够真正掌握创业的整个流程。例如，一些高校通过情景模拟教学的方式，创造各种条件让学生在真实的创业环境中开设各类企业，依据自己的想法与思路进行规划经营，通过这种方式培养学生在创业过程中的决策、交流和实践能力。

5. 注重对大学生进行职业生涯教育

职业生涯教育是高校创业教育课程的重要组成部分，对大学生创业能力的培养具有十分重要的作用。据统计，在加拿大，至少有 40% 的高校开设了高校创业教育课程，对学生进行有计划的职业生涯教育。教师将学生分成几个创业小组，学生在各自的创业小组中参加模拟的创业活动。通过这种方式，学生可以获得真实的创业经历，从而对职业生涯产生更为直观和深刻的理解与认识。此外，加拿大高校还为学生提供了创业教育的有关书籍，设置了学生创业奖学金等奖项鼓励学生创业。

6. 注重为大学生创造参加各种创业大赛的机会

加拿大各高校为做好大学生创业教育，通过多种渠道举办多样化的创业大赛，通过此类大赛，学生的创业能力得到锻炼与提升。在大赛中，参赛高校大学生凭借自己的判断，就社会上某一具有市场前景的项目展开相关调查，并根据调查得到的材料写出一篇有关此项目的创业可行性报告，交予大赛评委评判。大赛评委多是企业及学术界的名流。

此外，加拿大高校在校内建立了规范化的市场信息研究机构，由相关研究人员对市场就业需求和潜在就业缺口进行研究与预判。研究得出的相关结论会成为高校开设新的创业课程的基本依据。总之，培养大学生创业意识的任务是艰巨的，高校在此过程中起着重要的引导作用。“创业教育学科应以学生的全面发展为导向，培养学生创新精神、创业能力，提高学生的综合素质。”[1]

五、法国创业教育概况

1 刘伟．高校创新创业教育人才培养体系构建的思考 [J]. 教育科学，2011，27 (5)：64-67.

（一）法国创业教育演进过程

“企业家”（entrepreneur）一词起源于16世纪的法国，来源于法语的动词“从事”“着手干”（entrependre）。经济学家理查德·坎蒂隆于1730年首次将“entrepreneur”用于学术领域。此后，经济学家让·巴蒂斯特·萨伊和约翰·穆勒在学术中的使用，使“entrepreneur”得到广泛传播。

但是，英语中的“创业”（entrepreneurship）作为名词被译为法语，并收录进词典的时间并不长，它于2002年被《小拉鲁斯词典》收录，直至2012年，才被《小罗伯特词典》收录。

虽然法国鼓励创业和发展创业教育不是最早与最积极的，但是后来得到政府、高校和社会组织机构的重视后，发展迅速，成效显著。法国经历了20世纪50年代末至70年代初的经济繁荣发展期，但20世纪70年代以后，法国工业经济增长缓慢，这时法国才开始鼓励人们创业，一些商学院、工程师学院开设了培训企业家的课程。1976年，巴黎高等商学院开设了创业教育专业。1978年，法国巴黎高等商学院（HEC Paris）开设了“企业家”课程，开创了法国创业教育的先河。[1]

20世纪90年代末，法国逐渐开始重视将创业相关知识和技能的教学融入大学课程。人们认识到，创业教育的对象不应只是精英学校的学生，特别是高等商学院和工程师学校的学生，而应该是更广大的学生群体，包括学习人文社科和艺术的学生。

1999年，法国政府颁布了《创新与科技法》，鼓励大学教师、研究员、博士生及技术人员积极参与科技创新，将研究成果转化为生产力。

2001年，为了继续促进“创业”，法国研究与工业部成立了创业教育实践观察站（OPPE）。今天这一机构已经成了为大学教师及学生创业提供服务和资源的重要机构，并在比利时、加拿大等法语国家设立了分站点。2002年，罗讷—阿尔卑斯大区的大学合作创办了“创业之家”，该机构旨在沟通地方各个大学，培养学生的创业精神和创业意识，大学教师或学生都可以在“创业之家”学到有关开公司以及项目运作的各类知识，同时可以与企业界人士交流，获得创业建议。

随后，法国利穆赞、加莱海峡、卢瓦尔河地区、普瓦图－夏朗德、普罗

1 张力玮．法国创业教育发展历程和政策举措[J]．世界教育信息，2016（9）：50-54.

旺斯以及阿尔卑斯—蓝色海岸大区也相继建立了“创业之家”，国家每年为它们提供 15000 ~ 20000 欧元的资助，与其合作的企业还可以享受国家在政策上提供的优惠。

2009 年，法国教育部联合相关部门和协会组织发起了“大学生—创业者”计划，将“创业”真正引入了高等教育政策领域。同年 11 月，欧洲商学院承办了第一届法国“创业日”，时任法国高等教育与研究部部长的贝克莱斯及负责工商手工业、中小企业及消费领域的国务秘书埃尔维·诺维里出席了开幕典礼。他们指出，法国的发展需要愿意投身于中小企业发展的高等教育人才，不管他们是自主创业还是在现有的中小企业中工作，都可以把创新力带到企业中去，从而改变整个经济的面貌。

2013 年，法国国家创新计划提出要在高等教育领域培育创业和创新文化，继续加强校企合作。该计划进一步推动了法国创业教育的发展。

2014 年，法国教育部制定了一项面向全国的指导方针，确立了中小学生需要成功地融入社会，有能力开拓自己的职业未来的目标。由此，创业也成为法国中小学的一项跨学科的教学目标。一些学校将其融入各种选修课程，如职业探索、职业准备、经济和社会学等。为推动基础教育领域中创业教育的发展，法国已经在全国层面开展了针对中小学生的创业项目，如“为学习而创业”“我们的 EPA 商业区”等。

2015 年，娜雅·瓦罗·贝尔卡桑宣布进一步加强学校和企业的联系。高等教育与科研部的目标是使每一位初中生都能参观一次企业，与一位专业人士交流，有一次实习机会，做一个具体的项目。为此，她提出“实习中心”计划，为学生提供更多的实习机会，让他们更好地融入职场与社会。

（二）法国创业教育的三个理念

创业教育在法国高校有三个层次的理念：企业家精神教育、创业情境中的教育、创业文化教育。

企业家精神教育要求使用开放式教学法，改变传统的教育方式。因此，法国高校通过创业教育的开展能使老师拥有主动权和首创精神，也能使学生意识到通过学习创业发展他们技能的重要性。创业教育不仅促进创业成为一种职业，还促使教师运用多种教学方法开展创业教育，不断发掘学生的创业潜能，开展灵活多样的创业活动，丰富高校创业教育的内容。

创业情境中的教育是指为学生创设创业情境，引导学生主动学习。这一理念要求学生掌握创业所需要的技能，并主动实施创业项目。在这个层面上，学生将成为知识的建构者，教师则更多扮演着促进者的角色，而不再是扮演知识拥有者的角色。企业教育是法国高校创业教育理念中重要的一环。创业情境中的教育将在课堂中重建企业环境，引入企业家的案例作为参考，重视学生在企业的创业实践，同时将企业作为另一个学习知识的重要场所。

创业文化教育突出创业的生态性和系统性。创业文化教育具体表现为独立性、冒险性、自信力、社交能力以及对个人成就的追求。创业文化是围绕个人的信念展开的，目的是让学生在未来更好地扮演社会角色。创业文化教育的理念是让学生学会协作，有创业的信心，以及判断创业项目的道德标准。创业文化教育要求高校在开展创业教育时重视学校的作用，让其成为创业项目孕育和发展的良好场所。

（三）法国创业教育的三种模式

法国高校创业教育总的来看有三种模式，分别是初始化模式、制度化模式、一体化模式。

初始化模式：创业教育实施的初级阶段采用的模式。在这种模式下，高校所开展的创业教育主要由政府大力推动。目前创业教育已经成为法国政府行动计划的重要组成部分，国家出台了一系列政策文件推动创业教育的发展。在这个背景下，很多高校开始引入创业教育课程和项目，积极增加创业计划、财务计划、创业咨询培训等内容。在这一模式中，高校的创业教育局限于创业过程的上游阶段，而忽视了创业的下游阶段。

制度化模式：创业教育的升级阶段采用的模式。这种模式完善了初始化模式。制度化是指法国高校创业教育从特殊的、不固定的模式向被普遍认可的固定化模式转化的过程。制度化过程是法国高校创业教育发展和成熟的过程，也是整个创业教育规范化、有序化的变迁过程。它的主要目标是发展高校创业项目，寻求项目支持并与校外市场进行整合。法国高校创业教育制度化涉及了许多方面，为大学中的创业教育提供了多样化的方式，包括具体结构的发展，如设立高校孵化器和创业中心等。因此，制度化模式具有双重作用：一是促进地方发展；二是发挥了高校和经济组织之间的中间人的角色。

一体化模式：创业教育的整合阶段采用的模式。一体化是指多个原来相互独立的创业教育内容和组织，通过某种方式逐步在同一创业教育模式下彼此联系、相互合作。一体化模式试图在高校创业教育领域对各种活动等进行整合，试图消除创业培训项目和创业研究项目之间的差异。在该模式框架下，一些高校对传统的创业教育组织模式进行变革，并构架更为综合性、系统性的组织来推动全校性创业教育发展。比如，高校内部采用跨学科的方式开展创业教育，将学者、从业者、学生、管理研究人员和工程研究人员都聚集到一起。

第二节　其他亚洲国家创业教育状况

一、日本创业教育概况

对日本大学生创业教育进行研究的意义甚至要略高于欧美等国，这是因为日本与中国同为亚洲国家，在多个方面具有相似性。“日本和中国有着相似的文化和教育传统，日本大学创业教育模式的成功无疑对中国大学创业教育的发展具有重要的借鉴意义。”[1]

在日本，创业教育又叫企业家教育，即创业教育是培养未来企业家的教育。为培养适应未来社会的创新型人才，日本早就开始关注创业教育，并将其作为战略性教育政策进行研究并付诸实践，在基础教育和高等教育阶段都贯彻创业教育新理念。

（一）日本创业教育的发展

始发阶段：教育与职业相结合理念产生。早在20世纪60年代，为适应时代对科学技术人才的需求，日本各大学就将培养相应人才作为学校发展的重点。到了20世纪70年代，随着日本经济的快速发展，社会对企业型人才有了迫切需求，在此背景下，为适应企业发展，职业规划教育理念被引入大学，不少大学将其付诸日常的教学实践和生活实践。在这一阶段，创业教育采用的是个别指导与整体指导相结合的方式。

初级阶段：培训时间短、方式简单的初步探索。20世纪80年代，日本

1 谢丽丽．日本高校创业教育模式及其启示[J].学校党建与思想教育，2010（29）：94-96.

大学为培养创新型人才，开始举办有关创业的各类讲座；到了20世纪90年代，日本高等教育开始出现见习制度。这些教育理念的更新和教育策略的改变，对培养学生的就业能力、提高学生的工作水平具有一定的促进作用，但因大学生参加培训的时间较短，效果并不理想。

成长阶段：已有集中的培养，但形式还比较单一。在这个阶段，各大学采取多种措施以提高国民创业的能力：培训对象既包括在校学生，又包括社会各界人士；虽然课程培训时间不长，但是课程内容比较丰富，授课方式比较灵活。

成形阶段：形成一个连续、稳定、系统的创业教育体系。日本创业教育发展到今天，已慢慢形成了一个固定的体制，该体制由三部分组成：一是以政府为代表的产业振兴集团、地方公共集团和经济产业省；二是各大学的创业教育；三是举办创业教育的非营利性组织和企业。

这种模式，"官""学""产"三者相互协作又各有分工，大大提高了教育的效率，具体内容如下。

1. 官

官是以政府为主体的集团，主要负责把握创业教育的航向，制定切实可行的教育政策。例如，在2000年，日本将企业家精神涵养教材的开发与普及交由民间运作。再如，在2003年，远山敦子、坂口力、平泽赳夫、竹中平藏分别代表文部科学、厚生劳动、经济产业和经济财政四部制定指导青年创业与就业和高校进行创业教育的文件《青年自立·挑战计划》，并给予财政支持。

2. 学

承担着教育重担的各高校是创业教育的主力军，创业教育的主要责任还是应由各高校来承担，因此各高校不断更新理念，学习政府有关教育的新政策，优化资源配置，充分发挥各自的地理优势，与企业加强合作，努力让创业教育跟上时代发展的步伐，以培养创新型人才。

3. 产

创业教育离不开资金和资源的支持，同时需要实战技术的支撑，这些都与企业息息相关。京都于2003年成立了非营利性组织——创业能力开发中心，其目的就是要培养新一代拥有创业能力的人才，并为他们提供创业所需的各种帮助，以刺激日本经济的快速发展。值得一提的是，原来以"考试至上”的日本中小学生现在也开始开展创业教育，这也是日本教育改革的一大特色。政府从教材编写、改变教师意识入手，通过面向社会招聘老师、假期或周末开展培训、增加企业家和学生的交流社会等方式来开展创业教育，目的在于培养中小学生的创业能力和挑战精神。

（二）日本创业教育的着力点

1. 精心培育企业家精神

日本高校非常重视学生企业家精神的培育，以横滨国立大学为代表的高校积极探索实施“企业·创业教育项目”，设有意识、琢磨·推敲、工作、创作四大板块。其中，意识板块主要是面向大一学生开设的以“经营者的领导力和经营理论”“风险企业经营管理”为主的课程，任课教师主要是来自实业界的经营者、创业者。琢磨·推敲板块是教师和少数学生以头脑风暴的形式形成创业项目金点子，最大限度地发挥大家的想象力和创造力，以启发学生的创业思维。工作板块主要是安排学生进行实战演练，将课堂学习与实践实习相结合，做到对知识的灵活运用。创作板块是由学校提供创业活动和交流平台，学生构思创业计划，充分发挥学生的主体性和能动性，对学生进行魔鬼训练，培养学生的企业家精神。这四大板块相互衔接，形成对学生的思维和意识的系统培训，为他们日后成才打下基础。

2. 注重培养创业辅助技能

日本高校面向富有工作经验的社会人士开设技术革新管理课程，尝试将社会科学与理工科进行对接，培养他们对高新技术和市场动向的敏感性、理解力和洞察力。以信州大学为代表，虽然该校研究生的年龄、工作经历和专业背景各不相同，但是他们拥有共同的愿景，即创业。因此，在学习中应避免纸上谈兵而重在实战训练，培养其思想意识和决策能力。学生完成所学课程后将被授予经营管理学硕士学位。

3. 系统渗透创业专业知识

以立命馆大学为例，在文理4个学部（理工学部、经济学部、经营学部、信息理工学部）中，提出“产学协同创业教育计划”，要求所有学生接受创业教育，深入系统地学习创业知识。在课程建设方面，创设必修课“创业导入科”，对大二、大三、大四学生分别配以“基础科目群”（创业精神论、风险企业论、经营战略论等）、“拓展科目群”（企业孵化论、技术系创业、产品商品化等）、“实践科目群”（创业讲座、创业活动见习等）三类课程群。通过这类课程设置，可以使学生在学校系统接受创业教育，掌握更全面的创业理论和实践知识。

4. 大力提高创业实践能力

为了避免创业技能与创业意识之间的失调，日本部分高校创业教育部门和创业支援部门形成联动机制，形成以培养创业实践能力为主的创业课程模式。以庆应义塾大学湘南藤泽校区（SFC）为例，学生可以不囿于第一课堂，随时与和 SFC 联系密切的企业家进行创业方面的交流、讨论，并参与制定商业策划书等。在课程结束后，学校搜集各种创业方案，鼓励学生积极参加创业计划大赛，面向具有创业意向的学生提供项目并给予“帮扶”，这不仅培育了学生的创业素养，还发掘出一批有创业潜能的学生，支持他们参与到创业实践中，提升创业技能。

（三）日本高校创业教育的典型模式

在高校开展创业教育旨在培养大学生的创业意识、创业素质和创业技能。在吸收了美国创业教育的精髓，借鉴了欧洲的创业教育模式后，日本高校逐渐形成以“创业精神培养”为主线的创业教育概念，认为创业教育是培养学生具有勇于面对社会挑战的能力和冒险精神，使学生通过创业课程和创业实践，唤起创业意识，掌握创业技能的素质教育。

因此，应当从两个层面来理解日本高校的创业教育：第一，创业教育应将培养大学生的创业观放在首位；第二，要有针对性地教授学生创业方面的基本知识，尽可能地组织实践活动，培养大学生的创业思维和创业能力。由此看来，创业教育应当授人以渔，而不是授人以鱼。从目前日本高校提供的创业教育课程来看，存在以下四种典型的创业教育模式：以教授实际管理经验为主的创业家专门教育型；以教授系统的经营知识、技能为主的经营技能综合演习型；创业技能副专业型；以培养创业意识、创业精神为主的企业家精神涵养型，形成一个从高到低，从专业到普及的创业教育课程体系。

二、韩国创业教育概况

（一）韩国创业教育的发展

20 世纪 60 年代中期，韩国政府极力倡导“技术革新”“科学立国”，在全国掀起了科技革新的高潮。到了 20 世纪 70 年代，韩国又受到经济危机的冲击，就业率大幅下降，韩国政府在这种局面下制定了一系列法律，倡导大学生就业、创业，同时大力发展职业技术教育、科学技术教育，并建立了科学院，成立了大德科学技术城，集研究、教育、产业于一体，为实现“科技立国”奠定了基础[1]。

韩国于 20 世纪 70 年代开始开展大学生创业教育，并于 1972 年成立了教育开发院，用以加大创业教育的发展力度，并以法律的形式制定了与大学生创业相关的诸多法律法规，进入 20 世纪 80 年代后，韩国政府明确提出了“尖端科技立国”的发展战略，制订了一系列计划和措施[2]；20 世纪 90 年代，韩国制订了新的《尖端科技开发基本计划》（1990—1996 年），提出了大力扶持信息产业等十大高新技术产业的发展目标[3]；1999 年，韩国提出了“第二次教育立国”的口号，并制订了一项新的高等教育改革计划——“BK21 工程”，这项工程旨在进一步改革和完善高等教育体制，充分发挥高等教育的优势，通过政府与社会在人力、财力和物力等方面的投入，有重点地把一部分高校建设成具有世界一流水平的研究生院和地方优秀大学，培养知识经济与信息化时代所需的新型高级人才和国家栋梁，迎接新的挑战。

21 世纪，韩国政府制订了《奔向 2010 年的科学技术发展长期计划》和《面向 2025 年的科学技术发展长期规划》，目标是 2025 年韩国科学技术竞争力在世界上居第 7 位，信息化指数居第 5 位，科技对经济增长率的贡献率为 30%，技术贸易指数为 1 以上，研究开发投资达 800 亿美元，研究开发人数达 31.4 万人。截至 2017 年年底，韩国共有 194 所高校创建了创业学院或者创业保育中心，开设创业课程的高校及创业课程量也随之得到了飞速增长。

韩国高校创业教育的发展正是基于上述背景，至今已形成较为完善的体系结构。韩国创业教育理念基于民族活力的认识视角。政府将创业教育作为重要的国家战略来认识和执行，认为创业教育能够培养大学生勇于创新的精神。

韩国政府号召各高校建立“创业支援中心”，对大学生优秀创业项目给

1 孙启林，安玉祥．韩国科技与教育发展 [M]．北京：人民教育出版社，2004：6.

2 同上。

3 孙启林，安玉祥．韩国科技与教育发展 [M]．北京：人民教育出版社，2004：26-27.

予一定的经费支持。目前，拥有“创业支援中心”的高校已达 215 所。韩国政府和高校对申请进入“创业支援中心”的大学生进行严格筛选和把关，需要大学生提供详细的创业计划书。根据大学生的创业方向，由大学教授和创业投资专业委员会组成评价团，对拟创业大学生的创业项目的技术性、可行性进行评价。通过创业项目审查的大学生才可以进入其所在高校的“创业支援中心”。“创业支援中心”在对大学生创业给予资金帮助的同时，还帮助大学生联系各专业指导教授，协助大学生进行创业调查分析，为大学生提供创业指导。

（二）韩国创业教育的三大模式

韩国高校创业教育在 40 多年的发展过程中，逐步形成了以创业支援中心为平台的社会实践教育模式，以创业学科建设为主导的专业化教育模式以及产学研三维互动的生态化创业教育模式，即产教融合型创业教育。

1. 以创业支援团为平台的社会实践教育模式

韩国高校创业教育开展初期是围绕学生社会实践来进行的，最典型的模式就是创业支援团或创业支援中心，目前几乎覆盖每一所大学。韩国西京大学的创业支援中心是其中的典范。其依托教育基金的支持，建立了完备的创业支持体系。该体系设创业能力诊断测试、专题讲座、创业公开课、创业资金扶持等 14 个模块，以培养学生的创造性思维能力，培养创业支持和创业教育等运营方面的人才。

2. 以创业学科建设为主导的专业化教育模式

韩国创业学科的形成离不开韩国政府源源不断的资金投入和切实有效的激励机制。在韩国，中小企业厅是除了教育部之外长期关注高校创业教育发展的一个重要的政府部门。该部门在 1986 年首次推出《中小企业创业支援法》，1998 年又推出了《关于创业企业的特别法》，设立专项资金和创业振兴院推动高校创业学院和研究生院的发展。2000 年，韩国教育部提出在未来 3 年投入 1 900 亿韩元，用以推进创业教育发展。这些宏伟计划及资金的大力支持推动了创业教育专业化、学科化的进程。2013 年，全韩境内共有 160 所四年制高校开设了创业教育课程，而到了 2016 年，随着韩国政府在五大区域开展的三次大规模支持创业教育发展的计划，几乎每个区域都产生了大量的创业类专业和内容丰富的创业课程，进修人数也逐年上升。整体来看，韩国高校创业学科化进程分为两个阶段：第一阶段是以经管类院校或系部为中心创办创业学专业；第二阶段则全面推广创业学专业建设，在各学校建立创业学部或研究生院并开设一系列课程，实行系统化教育。

此外，韩国研究生创业教育也走出了一条特色化道路。面对创业教育需求的不断扩大，韩国政府于2004年将全国划分为首都圈、京畿江源圈、忠清圈、庆尚圈和全罗圈五大区域，在每个区域中各选取一所高校创建了创业研究生院。当年共有50多所高校提出申请，经过激烈的竞争，最终湖西大学、中央大学、大田大学、晋州产业大学和艺园艺术大学成为创业研究生院事业高校，2014年又在成均馆大学、延世大学、国民大学、启明大学、釜山国立大学建立了创业研究生院，并逐渐产生了创业学博士项目。

3. 产学研三维互动的生态化创业教育模式

韩国历次全国性的产学合作计划的实施都给韩国创业教育带来了新的发展机遇，尤其是“产学合作先导工程”和“产学合作五年计划”的实施。在韩国，有近60所高校目前选择了这种模式，即在顶层设计和组织架构上让产学合作与创业教育得以融合。在这一阶段，被遴选进入产学合作工程和计划的高校，依托政府提供的基金和资源，在合作基金会或产教融合中心之下建立了师资齐备、多专业融入、成果转化机制健全的创业教育平台。这一方面是为了方便吸收产学基金的投入，另一方面是希望形成综合型的创业教育平台。实践证明，其拓展了创业教育平台的功能性，同时有利于依托产学合作平台多主体参与的特性，让企业、研发机构、学生创业社团能够充分融合，营造浓厚的创业氛围。

（三）韩国创业教育的课程设置

“韩国创业教育课程的重点围绕创业过程来安排”[1]，主要包括战略与商业机会、创业者、资源与商业计划、创业企业融资和快速成长五部分，涵盖了科目众多的本科课程和研究生课程。

本科课程主要包括创业精神和新企业、新技术企业、创业投资财务、家庭企业成功秘诀、管理成长企业、企业成长战略、社会创业管理、创业体验、创意的产生技术、家族企业、最优的创业机遇、创业者营销、创业者家庭、非营利性组织创业精神等。

1 朱春楠．韩国高校创业教育动因及特色分析[J]．外国教育研究，2012（8）：23-29.

创业教育的研究生课程基于本科课程，增设了内容更为深入的课程，如公平及风险投资、创业道德挑战、创业者市场营销、公司投资和收获、创业者组织行为和管理等课程。创业研究生院的教育课程，主要由专业课（35%）和实习（65%）构成。70%的授课教师来自校外，主要采取研讨会、合作教学等以学生为中心的方式。实习课程主要采取现场实习、专家演示、海外研修等方式。

各门课程均注重鼓励学生以全球市场竞争力为着眼点掌握创业知识与技能，学习分析和完善各种商业计划，使学生能够以更宽广的视角判断创业项目的可行性和选择发展路径。除了课堂课程以外，还有实习课程，主要采取现场实习、专家演示、海外研修等方式。

值得注意的是，韩国创业研究生院的教育计划以培养具有国际视野的创新型创业者为目标。课程设计同时着眼于培养学生的企业家精神、扎实的创业知识、统率能力等创业所需的必要素养。为实现这一目标，每所创业研究生院均开设了企业家精神、事业计划书、阶段性的资金调节、经营者的作用等创业所需的基本课程，并与实习相结合，实现了理论与实践的有机结合。

韩国创业研究生院的教学设计具有以下两大特点：第一，定位明确，强调特色化发展。创业研究生院在中小企业厅设计的课程范本下，结合自身特点与区域特色，建构了一套独具个性的课程计划。将人才培养目标定位于“培养世界一流创业人才”上。其下设的技术型风险投资管理专业，旨在传授学生可以应对21世纪知识经济挑战的各类创业技术与理论知识，进而培养其战略性思维，实现高效的创业、成功的经营。课程由基础课程、专业必修课程、专业选修课程三类课程组成。第二，课程设计贯穿创业始终，富有可持续性。创业本身就是一个艰巨而漫长的实践过程。创业不仅需要做好事前准备，还应加强过程及事后管理。韩国创业研究生院在课程配置上引入美国巴比森商学院设计的创业前、创业时、创业后三阶段课程实施模式：创业前课程以创业理论为主，创业时课程强调实际操练，创业后课程则以企业管理类课程为核心。

另外，韩国高校创业教育教学形式较为弹性化、个性化。除了通过正式课程（即第一课堂）培养学生的创业精神和创新技能外，非正式课程（即第二课堂）也发挥了很大作用，对大学生的影响广泛而深远。第二课堂主要通过商业计划大赛、个案研讨、报告讲座、市场调查、企业参访、实际体验等形式来实现，这些形式更加注重学生的感性体验，使创业教育教学更具针对性、实效性。授课过程中，指导教师带学生参观韩国知名企业，并与企业管理人员座谈，了解企业文化与运营模式。学生通过参加实践活动将书本中企业的经营和管理模式与现实接轨，同时将创业意识和企业家精神与现实碰撞，将创业意识与精神深深根植心中。

可以看出，韩国高校创业教育课程不仅有着定位清晰、贯穿始终、分为本研两部分的特点，还具有灵活性，兼顾实践，能有效地开发和利用全社会资源。其创业教育体系中不仅包括创业课程的普遍开设，还包括学校与社会建立的广泛的外部联系网络，形成了学校、企业良性交互式发展的创业教育生态系统。

三、印度创业教育概况

印度的创业教育发展至今，在理论和实践上都积累了丰富的经验，其中也有不少教训，形成了鲜明的特色，每 10 万个印度人中就有一个参与过创业活动，成为发展中国家开展创业教育的一个典型。

（一）印度创业教育的演进过程

1. 孕育和萌芽（1966—1981 年）

在就业问题突出的印度，创业教育是一种比较现实的选择。在印度，创业教育又被称为“自我就业教育”。这一概念最早是在 20 世纪 60 年代印度教育委员会向政府提交的一份报告中出现的。20 世纪中期，印度利用英美等国在印度的教育援助项目，建立起不少新型教育机构，其中包括在 1963 年被列为国家重点院校的印度理工学院。

创业教育的生存和发展需要在一定的环境下进行。因此，成立不久的印度理工学院（IIT）、印度管理学院（IIM）便承担起部分帮助学生就业和创业的责任。

此外，印度政府在 1962 年资助建立的小型企业拓展训练机构也在当时承办了大量的创业教育活动。创业教育在印度初期的发展主要是由政府推动的，后来逐渐由非政府组织推动。这些创业教育非政府组织在开展创业教育活动上还处于一种较为被动的姿态。当时，创业教育刚刚进入印度，还未被社会广泛接受，这些创业教育非政府组织成为创业教育活动开展的主要承担者。同时，正是创业教育在印度的兴起以及政府的积极推动促使印度创业教育非政府组织产生，并为其之后的发展打下了基础。

2. 探索中成长（1982—1999 年）

在 20 世纪 70 年代，印度政府采取强迫国民节育的手段，却引起社会人口的强烈反弹，造成人口激增，再加上教育投资增加、大学扩招，因而当一批批优秀人才被培养出来之时，却没有足够的工作岗位来满足所有毕业生的需要。这些问题进一步加剧了印度的就业压力，社会将目光再次投向创业教育。

20 世纪 80 年代，“自我就业教育”引起了印度社会的重视。1986 年，印度政府在《国家教育政策》一文中要求大学要培养学生“自我就业所需的态度、知识和技能”。在政府的推动下，印度创业教育得以快速发展。

1982 年 10 月，民间组织印度自我就业教育协会组织开展了一次全国自我就业研讨会。会上强调，必须为发展企业家精神营造一种合适的氛围，而这需要各级教育组织的共同配合，从教育早期就开始引导儿童个性的全面发展，并使受教育者和教育者都能意识到自我就业和自我发展的重要性。同时，全国青年企业家联盟秘书长阿加瓦尔建议，在印度当时的 5000 多所院校中，保留五分之一从事高等教育即可，其余都应服务于更为实际的工作或自我就业。虽然阿加瓦尔的提议并没有被采纳，但是当时有很多学校都开始正式设立与创业相关的课程，通过设置相关专业并授予专门的学位来培养创业型人才。此外，社会上还出现了许多以培养创业人才为己任的非营利性学院。我们将这类以学校或学院模式存在的创业教育非政府组织称为学院创业教育非政府组织。相比于仅开展几门与创业教育相关课程的普通学校，学院创业教育非政府组织在学习内容、学习方式和教学手段方面投入了更多的关注与思考，能真正为学生提供创业技能训练。

1983 年，印度创业发展学院成立，并于 1988 年在印度率先开设了创业教育课程。印度创业学院独特的创业教育观念、完善的创业教育课程体系、体验式的创业教育实践活动成为印度各类高校开展创业教育的有力参考，并且在推动印度经济发展上做出了不小的贡献。

1998 年，印度理工学院的 Kanwal Rekhi 信息技术学院成立，该学院以加强与工业界的互动合作为办学重点，为社会培养出了不少技术和管理双能型人才。

2001 年，印度商学院成立，这是一所致力于为印度培养未来工商管理人才的私立精英式商学院，除了开设创业课程，学院还创办了创业发展中心，以协调项目活动与课程资源，这种形式也逐渐成为印度创业教育重要的一部分。事实上，有大量学校其实难以也没有必要全身心投入创业教育的发展，它们正常开办其他的专业课程，依托学校专门的创业学院和创业中心来开展创业教育活动，有些学院的创业中心还是由学生发起并进行管理的，类似社团的形式。

这段时期，印度创业教育迅速发展，创业教育非政府组织的活跃程度也明显上升，并且有不少创业教育非政府组织一直都发展得不错，特别是印度创业发展学院，除了在本国有着举足轻重的影响，还被选定为亚洲及太平洋地区人力资源开发和培训的负责机构，积极推动创业，提高经济水平。在这一阶段，印度创业教育非政府组织多以学院的形式存在，它们积极探索各种途径，除了利用课堂教学、举办讲座、与企业家互动等方式，还通过设立创业项目来培养学生的创业精神和锻炼他们的创业技能。

3. 多样化发展（2000 年至今）

印度创业教育几乎在全国所有的大学和学院得到了普及，德里大学、印度理工学院、印度管理学院等超过 100 所大学都开设了创业课程。高校创业教育体系完成了从非制度化到制度化的过渡，并形成了“多元化的创业教育主体、多层次的创业教育课程以及多模式的创业教育体制”。英国伦敦商学院和美国百森学院共同开展的国际创业研究项目报告显示，自 2001 年以来，在参加该项活动的众多经济体中，印度创业活跃程度排名一直靠前。2002 年，印度早期创业活动指数高达 16.04（以 18 ～ 64 岁人群为调查对象），仅次于泰国（18.90）。

然而，在这看似乐观的数据背后，印度的失业率却居高不下。有学者调研发现，印度社会上存在的大多数是追随型企业，以餐馆、小卖部、酒吧等为主，通常创业者既是老板，又是员工。他们实现了“自我就业”，却并未成为工作机会的创造者。

另外，在印度创业教育如火如荼进行之际，相应的配套措施却没有跟上。资金缺乏、基础设施欠缺、政府人员办事拖拉以及受贿现象的存在，使很多有潜力的创业者在一开始就失去了信心。针对这些问题，一批着力为学生或其他社会人士提供创业保障的创业教育非政府组织出现在印度社会中。除了培训和咨询服务，它还为初创公司提供物资和资金支持，帮助创业者度过艰难的起步阶段。

2000 年，印度开始出现科技孵化中心，旨在促进高技术初创企业的发展，这些创新组织为初创公司提供支持服务、融资和联网支持。印度艾哈迈达巴德管理学院的创业中心设置了大学科技创业专项种子基金，拥有超过 10 亿卢比的孵化资金，被应用于技术领域的创业企业。除了孵化中心的形式，瓦德瓦尼基金会在 2003 年成立国家创业网，并建设了一个强大的工作网，由印度的 600 多所大学、1000 多个创业顾问、3200 名教职工组成，用于激发、培养和支持新兴企业家。

印度非常看重国内电子和软件业的发展。2006 年，印度电子和计算机软件出口促进会针对软件产业建立了专门的孵化器，为中小企业走出国门提供了平台。2013 年，印度软件和服务行业企业协会设立 10000 Startups 计划，提供的服务有资金支持、创业指导，为企业之间以及企业与人才之间提供交流的平台，促进企业合作与人才招聘。与此同时，加入该项目的初创企业将直接适用于印度顶尖的创业催化项目。

朝着多样化发展，是这一阶段印度创业教育非政府组织发展的主要特点。印度的学院创业教育非政府组织依然保持着向上的发展态势，它们的规模不断扩大，创业教育课程体系不断完善，得到了社会的认同。同时，印度创业教育非政府组织出现了孵化中心、创业支持机构等多种形式。这些新型创业教育非政府组织不直接开展创业教育，而是为创业人才的创业提供支持和保障，使创业教育培养出的人才能够真正实现创业，可以说是学院创业教育的补充和接力。

（二）印度创业教育模式

印度高校试图通过多种类型的创业教育来培养更多具备潜力的未来创业者，其创业教育组织模式呈现出多样性、多层次、多元化等特征，大致可分为商学院模式、独立自治模式及创业中心模式。

1. 商学院模式——以印度商学院为例

印度商学院创业教育包括开设创业课程、创办创业发展中心，致力于为印度培养未来的工商管理人才。这类学院开设了多种类型的创业教育项目，有国际贸易物流证书课程、工商学管理硕士（MBA）课程、行政管理研究生项目、国际贸易行政硕士、中小企业管理硕士文凭、管理研究计划（博士）等专业学历、学位课程。另外，一些商学院还创建了创业孵化中心，如印度海德拉巴商学院的瓦德瓦尼创业发展中心。印度管理学院的创业教育模式与商学院相似。印度艾哈迈达巴德管理学院在开设了选修课“创业与新创业规划”之后，开设了“创业动机实验室”课程作为研究生课程的另外一门选修课，并于2001年成立了创新、孵化和创业中心。印度加尔各答管理学院设立创业和创新中心，开展宣传活动，提升、培训和孵化创业企业。孟买索买亚管理研究学院成立了创业卓越中心。

2. 独立自治模式——以印度创业发展学院为例

印度创业发展学院属于独立自治的非营利性组织，致力于创业教育、研究及培训。印度创业发展学院现为世界公认的资源中心，其参与创业教育、科研和培训，实现了国家和国际水平的创业。该机构被选定为联合国亚洲及太平洋经济和社会委员会成员，负责该地区人力资源开发研究和培训工作，旨在积极推动创业、提高全国及国际水平的经济效益。此外，印度创业发展学院还为发展中国家提供诸如创业见习、工业项目准备和考核方案。在创业课程方面，印度创业发展学院于1988年在印度率先开设创业教育课程，其2年全日制企业创业和管理毕业文凭课程为学生提供量化的、分析的、战略的技能，涵盖商业与管理实践，享有国际知名度。

3. 创业中心模式——以印度理工学院为例

被称为印度“科学皇冠上的瑰宝”的印度理工学院是由7个自治工程与技术学院组成的，是印度最顶尖的工程教育与研究机构。为向学生提供充足的创业机会，其创业中心致力于鼓励和产生创新、创业生态系统，帮助学生和目标创业者实现梦想，开创和拥有自己的企业。创业中心会在全年组织不同的活动，旨在培养学生的创业精神，推进国家创新。创业中心通过创业工作坊提高学生的创业意识，通过为学生提供创业必要的资源——监督、咨询、种子资金、网络等，支持未来的创业者。以创业中心为主导的创业教育模式已被越来越多的高校采用。

四、新加坡创业教育概况

新加坡自独立以来一直将人才发展战略作为立国之策。为配合国家21

世纪国际化发展战略，培养敢于突破资源约束瓶颈、具有开创性和企业家精神的复合创业型人才，国际化已经渗透到新加坡创业教育理念和行动计划之中，成为新加坡国民教育体系和社会发展体系中独具特色的一环。在这一国家价值理念的驱动下，经过十几年的发展，其创业教育始终处于新兴国家的前沿。同时，新加坡是亚洲重要的国际金融中心之一，为创业提供了融资的便利条件。

由于新加坡是一个典型的城市国家，服务经济是国家的主导产业，技术的开发并不是这个国家所擅长的，而技术的匮乏又限制了创业的实施。因此，新加坡的创业教育特别强调国际化战略的实施。一方面，通过选派大学生创业者到美国的硅谷、中国台湾地区的新竹科技园区、日本筑波科技园等技术集群地区去实习、参观、访学，力图在实践中感悟和学习；另一方面，培养大学生创业者的国际化思维。

因此，新加坡是亚太地区在创业教育上取得较为显著成效的国家。其高校的创业教育具有宏观的视野、明确的思路和鲜明的特色。新加坡高校开展的创业教育具有很强的理论研究意义和实践指导意义。在“亚洲四小龙”之一的新加坡跻身发达国家和地区行列之后，外向型、开创型和国际化的人才培养理念就成为新加坡高等教育的出发点，这使新加坡高校较早致力于培养具有创业精神、创业知识和创业能力的开创型人才，广泛、深入地实施创业教育。

（一）新加坡创业教育的演进过程

1. 新加坡大学生创业教育的萌芽阶段

1965 年，新加坡脱离马来西亚联邦，国内建设百废待兴，无论是在经济还是在就业等方面，都呈现一片萧条景象。这是因为缺乏资源，导致国内经济一蹶不振，失业人口激增。在这种情况下，政府制定了新的经济政策——“工业化道路”发展路线。新加坡当局当机立断，效仿 18 世纪英国的管理方式，成立了新加坡经济发展局（EDB），很好地解决了独立初期的就业问题。EDB 针对本国的经济发展现状，推行了一系列经济发展战略，如政府通过制定优惠政策，引进外资，在国内建立工业园区；对职工进行职业培训，提高劳动者素质，降低失业率，积极创造就业机会。

20 世纪 70 年代，根据国内的经济发展状况，EDB 转换了新的发展目标。通过开拓海外渠道，大力开展职业海外培训计划；通过挑选，将国内优秀的青年送往德国和美国等地进行职业培训；通过海外培训，增强了职工的专业性。这就是新加坡历史上最早出现的“职业化”创业教育，这个阶段也可以说是新加坡创业教育的萌芽阶段，对本国的创业教育发展有一定的促进作用。

2. 新加坡大学生创业教育的发展阶段

20 世纪 90 年代，新加坡政府紧跟时代潮流，制定了“全球化”的经济发展目标，在全世界范围内寻求多方面发展的新型人才。新加坡明确提出高等教育国际化战略。为了使高等教育得以迅速发展并满足经济发展的需要，新加坡政府高度重视教育的发展，在改革教育体制、制定教育发展政策、建构国际化课程体系、吸引优秀的国际人才、与国际高校建立合作关系等方面投入了大量资金予以支持。

同时，新加坡政府采取了“引进来”等方式，积极吸引海外投资，引入国外资金、技术建立了大量工业园区，极大地促进了经济的发展。随着国内劳动力成本的提高，劳动力成本比较低廉的印度等发展中国家，冲击了国内的劳动密集型产业，导致许多手工制造业工厂倒闭破产，许多工业基地开始向国外转移，国内就业形势严峻。在这种情况下，创业教育重新被国内重视，在全社会范围内掀起了创业浪潮，许多年轻人开始寻求合适的创业机会。

1997 年，金融风暴席卷东南亚，新加坡经济遭受重创。政府开始认识到与跨国企业合作并不是国内经济发展的首要目标。为此，新加坡政府更加鼓励创业，高校的创业教育不断得到重视，成为高等教育重要的组成部分。20 多年来，新加坡政府每年有不少于 20 亿的新币用于对风险投资、技术转移和创新创业提供资金支持，大力鼓励创意产业、生物制药等新兴产业的发展。

3. 新加坡大学生创业教育的完善阶段

自 21 世纪以来，新加坡的创业教育形成了自己的一套自上而下的教育体系，并取得了丰硕成果。在小学阶段，学校采用游戏教学的方法，向学生传递商业知识；在中学阶段，学校开设相关课程，学习管理企业的基础知识；在大学阶段，学校给本科生开设有关创业的课程，并设置辅修专业，还有新加坡南洋理工大学（NTU）开设的“创业与创新”硕士学位课程。除此之外，还有面向社会人员设立的创业培训班。

2006 年 6 月，新加坡启动“智能城市 2015”计划（iN2015），该计划提出了创新（Innovation）、整合（Integration）、国际化（Internationalization）三大原则，旨在通过大力发展信息和通信技术（ICT）产业，提高下述七大关键领域的竞争力，即数码媒体与娱乐、教育、金融服务、电子政务服务、医疗与生物科学、制造与物流、旅游与零售。

2007 年，新加坡政府推行“未来学校”项目，强调利用现有的学校硬件设施，将信息技术融入教学体系，推动教学创新，培养创新文化。同年，新加坡教育部选出 5 所“未来学校”作为建设“智慧国家计划”的试点，包括康培小学、重辉小学、裕廊中学、克信女中、华侨中学。

2008—2011 年，新加坡科技中学、南桥小学和义安中学也入选“未来学校”。“未来学校”通过以下措施训练学生的创新能力。

第一，创建超越地域限制的三维（3D）虚拟学习情境。通过利用先进的网络协作技术创造三维虚拟学习情境，将 ICT 运用于不同教育阶段的教学中。例如，运用“播客”培养一二年级学生的创新意识；以利用多媒体技术完成作业的形式来激发三四年级学生的好奇心；五六年级学生可基于兴趣选择数码艺术、影片制作等来锻炼创新实践能力。3D 虚拟学习情境为学生提供了展示网络作品的创意空间和创意工作室，学生可以通过展示作品获得作品反馈信息和评价。除此之外，利于大脑开发的 3D 教育游戏、科技旅游项目等都是培养学生创意与实践能力的重要方式。

第二，创新课程学习方式。“未来学校”注重课程创新，开发了“启发式在线学习平台”，为学生提供在线教育，学生只需要完成在线注册，就可以在该平台上向国内顶尖教师和学习伙伴寻求解决学科相关问题的帮助。其中，义安中学已经开发了针对物理和文学学习的牛顿在线学习平台和莎士比亚在线学习平台，用于帮助学生形成自主学习意识。

第三，培养学生自主学习能力。“未来学校”强调基于现代技术的学习中培养学生的自主学习意识，利用先进的教学工具辅助学生提高发现问题和解决问题的能力。例如，康培小学的“康培现场”项目中的“备忘包”是一个为学生量身定做的有关学校生活的文件包，其中收录了学生的相关资料和学习进程数据，学生可以依据学习进程安排完成自主学习；崇辉小学的探索实验室通过模仿自然界的场景并呈现科学研究中的困难训练学生解决问题的实践能力。总之，新加坡基础教育阶段的“未来学校”项目将先进的科学技术融入教育领域，通过创建三维虚拟学习情境、创新课程呈现方式和培养学生的自主学习能力，激发学生的创新意识，培养学生的创新思维，提高创新实践能力。

经过多年的发展，新加坡创业教育已经逐步建立了完整的教育体系，在国内产生了不错的影响。在新加坡“研究、创新及创业理事会”开展的“全国创新行动计划”中，高校纷纷设置创新课程，开展创业创新合作项目，组织培训，举办创新、创业研讨会等。

高等教育包括大学和理工学院。新加坡国立大学建有“国大开创网”和“创新与科企管理中心”，南洋理工大学建有“南洋科技创业中心”，其创业与创新硕士课程项目享誉国际。五所理工学院根据市场需求开设了多元化课程，专业各有侧重，办学特点各异：课程与校园实习、海外与本地工商业训练、研究与实际工作紧密结合，使有志进行专门技能学习的学生接受广泛训练且打下稳固基础，毕业时获得与最新经济发展动态同步的经验技能、无须接受职前培训，亦可申请深造大学学历。

新加坡的私立教育蓬勃发展，有300多所私立语言学院和大专大学、纯私立学校（商业注册局和教育部注册）和社团或合法非营利性机构或企业举办的教育机构（不在教育部注册）等。专业涉及工商管理、信息技术、旅店经营、烹饪、数码艺术、体育及企业培训等。从政府政策、学校运营和收费角度看，差别不大。私立学校颁发的最高学历为大专文凭，亦代理其他国家和地区大专以上学位课程。南洋理工大学是一所科研密集型跨学科顶尖大学，作为世界百强大学之一，其注重创新教育，致力于为学生提供一流的全方位教育，寓创新教育于通识教育和专业课程，培养学生的全球视野、创新精神和创造力，享誉国际。在人文素质教育中，开设形式多样的创新教育课程，注重通过丰富多彩的校园文化活动和创新竞赛活动培养学生的创新精神，体现了鲜明的“创业型大学”特色。南洋理工大学以“创新高科技，奠定全球性卓越大学；全方位教育，培养跨学科博雅人才”为办学理念，人文素质教育亦十分注重对学生创新精神和创造力的培育。

（二）新加坡创业教育的特点

1. 通过创业教育培养创业型大学生

新加坡政府很早就意识到大力扶持和促进本地企业，特别是中小企业的成长是促进本国经济进一步发展、保持经济竞争力的科学之举。新加坡政府站在国家经济发展的宏观视角，把创业教育放在高等教育中的突出位置，并以此作为弘扬创业精神和创业文化的一项长期战略。因此，新加坡教育界较早对创业教育领域的各种理论问题进行了深入系统的研究。一系列研究成果深深地影响和改变了新加坡的教育理念，使新加坡高校明确了教育目标，即必须培养出一大批能够和国际接轨的，并具有创业精神和创新能力的新型人才。

新加坡教育界认为，创业教育是知识经济时代的必然要求，是高校培养开创型人才的必要途径。只有培养出大批可以灵活就业和自主创业的开创型人才，这些人才才能够真正适应并进一步推动本国经济和社会的发展。教育理念的变化推动着新加坡高校培养创业型人才的力度与进程的变化。

新加坡高等教育制定的国际化发展和从精英教育转变为大众教育的双重战略，增加了高等教育对高校创业教育的投入。例如，新加坡管理大学、南洋理工大学、义安理工学院等高校都是致力于培养具有全球视野和国际交流能力，了解国际政治、经济和科技发展，勇于并善于自主创业的开创型人才的知名学府。

2. 大学生获取创业知识具备多方面的优势

“国际化、现代化”是新加坡高等教育的鲜明特点之一，其完整的国际化教育体系为新加坡高校的学生获取创业知识提供了多方面、多层次的优势。

首先，国际化的课程设置带给大学生更多获取创业知识的机会，优化了学生创业知识的结构。新加坡高校能够根据世界前沿、尖端课题的研究，不断调整和更新课程的设置，实现与国际接轨。不同的学科根据创业教育的目标来确定课程内容，主要从创业社会理论、专业技能知识、经营管理理念、法律政策、金融保险、公共关系与人际交往等方面帮助学生构建完整的创业知识结构。

其次，国际化的教师队伍成为实现开创型人才培养目标的可靠保障。新加坡高校与美国、澳大利亚、法国、英国、日本等发达国家的高校积极开展有关学生创业教育的合作，如新加坡国立大学和南洋理工大学尤其注重派遣教师参加学术人员交换计划，到国外进行创业教育方面的专门进修，还有很多创业教育方面的专家、教授都是高薪从世界范围内聘请的。

再次，国际化的交流合作拓宽了学生的国际视野，深化了学生的创业意识。新加坡高校每年都有大量的国际交换生，有的到国外的大学学习，有的去各类知名创业型公司学习。这些学生带回了很多发达国家创业教育的先进理念和实践经验。

最后，现代化的教学手段和灵活多样的教学模式渗透到创业教学的全过程，大幅提高了学生获取知识的效率和质量。例如，国际互联网、多媒体技术、电视电话会议技术等各种高新技术，在新加坡高校的创业教学中被广泛运用，使学生可以及时有效地实现世界范围内的知识资源共享。新加坡高校还经常性地邀请成功校友企业家走进校园，采用与学生面对面交流的方式进行创业教学。

3. 促进大学生创业与创新能力手段的完善

新加坡各高校历来主张激发大学生获取创业知识和进行创业实践的主观愿望，并强调帮助学生获得内在驱动力，使学生形成一种包含创业理想、创业意志和创业精神等内容的开创型品格。受西方发达国家的启发，新加坡高校较早开展创业和创新计划大赛，对大学生进行创业模拟训练。在竞赛的过程中，通过理论与实践的紧密结合，学生能直接投入创业环境，能与众多成功人士，如企业家、政府官员、投资人、律师等就风险投资、项目管理、技术孵化等热点问题进行直接对话。以“双创竞赛”为突破口，新加坡高校不断丰富创业教育实践环节的实现手段，注重产学研一体化，建立了一批创业中心、创新研究中心和科技园。这些行之有效的可供交流、学习和实践的平台，培养了学生的团队协作精神，提高了学生的情商指数，深化了学生的创业理念，放大了高校创业教育的成效。

第三节　国外创业教育的启示与借鉴

一、需要更新创业教育理念

创业理念是一种开拓进取、乐观自信的创新型理念。它开拓进取、注重实践，它总结失败、追求成功，它接纳竞争但又提倡合作，它不仅开放、包容，而且多种多样。任何事物都有两面性，就我国而言，五千多年的文化传承留给我们的不仅仅是文化和精神的财富，还有传统思想或理念的束缚，而这种束缚毫无疑问阻碍了我们前进发展的脚步。比如，“出头的椽子先烂”“枪打出头鸟”等观念在一定程度上禁锢了大家的创新思维。

并不是思维被禁锢了，国民的创新精神和能力就消失了。纵观我国五千多年的历史，我们发现其实有很多先辈打破了这种禁锢并进行了创新，弘扬了创新精神。因此，现在我们亦可以打破这种束缚。一方面，我们要以“闯关东”的先人为榜样，发展艰苦创业精神；另一方面，我们要“兼容并蓄”，以开放的姿态对待外来文化，取其精华，去其糟粕，深入挖掘对我国创业文化发展有利因素，从而使创业文化在我国繁荣发展。

理念是行动的先导，是行动的思维逻辑。创业教育理念的创新是对教育实践的呼应。创业教育理念创新不光是口号上、提法上、外在形式上和基本框架上的变化，从根本上来说是要进行教育理念的打破和重构，从教育理念的内在逻辑上进行系统化、科学化的重构。通过对国外高校创业教育内容进行梳理与研究，我们发现国外注重培养学生的创业精神、素质及能力。在他们看来，创业教育不仅是为了创业，还是为了更好地理解商业和更好地适应工作岗位，并鼓励学生在适当的时候创业。

然而，我国创业教育发展之初的主要目的在于解决就业难题，而不是培养企业家精神，这是我国创业教育发展过程中的根本性问题。因此，借鉴国外创业教育发展的经验，我们首先要确定最新的具有战略性的创业教育理念，那就是培养创业意识和创业能力，而不仅仅是就业能力的提升。以信息社会和知识经济为代表的新经济时代的到来，对企业家精神教育的繁荣产生了巨大的推动作用。它在改变产业结构的同时，改变了企业的生存法则。创业型管理者区别于传统管理者的重要特征是，他们用创新性眼光审视环境，用创造性方式解决企业的生存问题，强调在动态复杂环境中识别机会、把握机会的能力，强调理性的冒险而不是如何规避风险。我们要实现创业教育理念由原来解决就业问题的功利性目的向培养创业精神的非功利性目的的转变，改变原来的创业教育理念，为培养更多、更有竞争力的创业人才服务。

二、加强创业教育支持力度

创业教育是一个系统性工程。只有政府积极扶持，社会大力支持，创业教育环境才能进一步优化，创业教育才能顺利推进。有些国外学者认为："政府政策和工作程序、社会经济条件、创业和管理技能、对创业的资金支持以及对创业的非资金支持等内容都纳入创业环境的范围。"[1] 因此，政府、社会、企业和学校应共同努力，为创业教育积极创造有利条件。又有学者认为："应强化创业服务中介机构的建设，不断完善服务机构的服务信息，为创业企业提供公共产品，进一步优化创业服务。"[2] 还有学者基于大学生创业法律制度现状，分析了大学生创业的障碍，主张"应提升立法层次，进一步完善我国的相关法律制度，为大学生创业提供法律保障"[3]。

目前，一些国家政府、企业、高校、校友等形成了广泛的创业教育支持体系。首先，政府在不同时期通过制定各种法律政策，加大资金投入与设立各种创业教育基金来支持创业教育发展。其次，企业界非常愿意向高校创业教育提供帮助，企业界人士通过大学邀请，在高校兼任教师从事创业教育指导工作；企业界人士参加高校举办的各种创业大赛活动，并提供活动经费，从而支持高校创业教育实践活动；此外，企业界人士还安置大学生到公司实习等。最后，高校内部提供了大量的创业教育课程，以及丰富多彩的课外创业大赛，并建立起完善的校友网络，校友通过捐赠、提供实习机会推动高校创业教育的可持续发展。创业教育的发展与完善的政策支持和保障是密不可分的，科学有力的政策可以优化创业教育环境，为创业教育的科学发展保驾护航。

我国在开展创业教育的过程中仍需要借鉴国外的经验和做法，但不能照搬国外的经验，在学习和借鉴的同时应充分考虑我国当前发展的现状和特点，制定具有我国特色的政策，形成适应我国国情的发展模式。此外，还要注重政策的落实和可操作性，既要不断创新支持政策，又要不断完善原有的相关政策，使政策的实施能真正促进我国创业教育的发展。这就需要政府、学校和企业之间联动，形成合力，以保障我国创业教育的可持续发展。

从政府、社会和企业的角度出发，政府要鼓励学生独立创办或与他人合

1 张晖，金利娟．大学生创业融资模式创新研究 [J]. 赤峰学院学报（自然科学版），2012（22）：34-36.

2 王艳茹．完善我国创业政策的对策 [J]. 经济研究参考，2010（36）：12-13.

3 杨德敏．大学生创业法律制度探析 [J]. 兰州学刊，2010（4）：110-112.

伙创办小企业，在有关政策方面予以支持，如去异地他乡的大学生能在户口、档案等问题上获得关照，到农村市场的大学生能在土地使用权上获得优惠。政府、社会和企业，尤其是有关企业，应对大学生的创业给予资金扶持，如按照国际惯例成立相应的投资基金，与其共谋发展，支持他们的创业实践和事业发展。政府的支持、社会的关心和企业的支持将为学生创业教育创造良好的环境与氛围。

从学校的角度出发，首先，学校应制定相关政策引导并鼓励学生进行创业的思考与实践，如设立创造发明成果奖，实行学分制，允许学生停学、休学办企业，给予校内企业一定的政策优惠等；其次，学校应建立科技园，汇集知识、技术、智力、资金，使其成为高科技成果的孵化器。大学科技园既是学生创业教育的课堂，又是创业实践的基地，是将创业教育转化为创业实践并检验其效果的广阔舞台。若能在科技园区设立配套的风险投资基金，必定会更有效地促进创业教育的发展。

三、构建实战化的教育课程体系

“创业教育的课程体系既不应该单纯依靠现有商学院的课程体系，也不能只是在现有教学体系的基础上添加几门创业学科。”[1] 因此，必须开发符合现实情况的创业教育课程体系。其中，教育课程设计与学科专业建设是大学生创业教育的重要内容。依据国外高校创业教育的现状及特点，可以发现我国高校创业教育在专业建设方面仍存在课程体系不健全等基本问题。我国需要进一步加强创业教育专业学位建设，以遵循综合性、专业性、差异性、实践性和探究性为原则，积极构建包含基础课程、专业课程、活动课程、体验课程、风险投资课程、实战模拟课程等多类型、实战性的课程设计体系，推动高校创业教育向专业化、实战化、个性化方向发展。

我国高校之间需要进一步突破教育资源的界限，积极创建高校间创业教育公共资源平台，使大学生可以自由共享各个高校的创业课程，以促进高校之间创业课程自由选课制度的形成。

（一）完善创业课程体系，促进其与专业教育的融合

目前，虽然我国大部分高校都开设了创业类相关课程，但仍然存在课程

1 王占仁．“广谱式”创新创业教育体系建设论析 [J]．教育发展研究，2012（3）：54-58.

设置随意、课程课时较少等问题，尚未形成系统的专业化创业教育课程体系。从学科角度讲，创业教育涉及学科范围广，是一门综合性很强的学科，同时，创业教育的属性决定了它是一门以实践为主导的课程。

因此，在加强大学生创业课程体系建设的过程中，首先要开发专门的创业主导类课程体系，积极培养学生的创新思维和创业意识，为创业教育的开展奠定坚实的基础；其次，要加强与各学科专业的融合，把创新和创业理念融入专业教学之中，增强创业教育的实效性；最后，要规范设置相应的实践课程，包括企业参观和实习、创业项目研讨、创业讲座等，促进理论与实践的有机结合。

（二）注重理论与实践的结合，提升学生的综合创业素质

创业教育不同于传统学科教学，不仅需要课堂上理论的传授，还需要实践中的指导。这就要求在开发和建设创业课程时，注重理论与实践的有效结合，理论课程和实践课程课时的比例要符合创业教育的要求。

同时，其理论课程的内容不可过于单一，要注重多学科的融合，不仅包括创新和创业方面的知识，还应包括金融、财务、人力资源、市场营销、工商管理等诸多相关学科知识。实践性课程设置要规范和合理，让学生有创建项目的实际体验，可以聘请校外知名学者和成功企业家走进课堂，进行授课，还可以让学生走出课堂，走进知名企业或正在创业期的公司，真实了解企业如何运营与管理。这样的课程设置不仅可以提高教学的实效性，还可以激发学生创业的热情。

（三）扩大主导课程的实施范围，有效培养学生的创业意识

高校创业教育的核心是“立德树人”，创业教育的本质是一种素质教育，相比传统的学科教学，更注重思维的创新、意识的引导和能力的培养，包括创业思维的养成、企业家精神的培育以及创业能力和管理能力的培养等。创业教育虽然不会像传统学科教学那样让学生迅速在考试成绩上获得提升，但会使学生受益终身，因此创业教育应是一种不可或缺的面向全体学生的教育。高校应开设与创业课程相关的通识必修课，规范课程设置，扩大课程的实施范围，积极促进创业教育融入高校人才培养体系。

四、优化创业教育师资队伍

当今经济社会变化较快，教育发展也日新月异，教师必须不断更新自己的专业知识体系，提高教学和科研能力，这样才能满足目前高校教育教学改革和学科专业发展的新要求。我国大学生创业教育起步晚、基础弱，师资队伍建设方面的问题突出，逐渐成为一大制约因素。

同时，教师作为创业教育的实施主体，是推进教学和研究深入发展的关键，我们必须给予高度重视，建立一支高水平的创业教育师资队伍不但必要而且迫切。以美国为例，作为世界上创业教育起步最早、发展程度最高的国家，美国在师资队伍建设方面积累了丰富的发展经验，无疑可以为我国提供一系列有益的参照。我们应在总结提炼国外师资队伍建设的发展特色和成功经验的基础上，立足我国国情和高校实际发展状况，进行有选择的借鉴。

创业教育作为综合性学科，要求教师了解金融、财务、人力资源、市场营销、工商管理等诸多学科知识，注重培养学生创新思维和创业能力。教师不仅要向学生传授理论知识，还要指导学生进行实践活动，因此高校必须重视对创业师资的培训。一方面，学校要积极为教学师提供培训平台和机会，包括相关专业培训、创新思维训练的培训、KAB 项目培训以及 SYB 项目培训等，提升教师综合理论水平；另一方面，学校要加强在校教师与校外企业家的交流和沟通，同时积极组织教师到企业参观、实训和挂职，从而进一步提升教师的实践水平和能力。

（一）健全创业教育师资支持机制

创业教育不是孤立存在的，需要系统的支撑，需要政府、社会、高校等多元主体参与，建立一个完整的创业教育支撑体系。在美国，政府、社会和高校对创业教育给予了高度重视，使各领域的优秀人士积极投入创业教育中，促进了创业教育师资队伍的建设与发展。政府在创业教育的发展中具有引导作用，在政策法规和运行机制方面为创业教育提供有效支撑。

政府应着眼于顶层设计，科学规划，为创业教育发展提供一个优良的政策环境和运行环境。政策是导向，我国在创业教育方面虽然颁布了一系列政策和相关法规，但对实践的指导性有待加强，仍需进一步优化创业教育政策和相关制度。首先，政府应该从实际出发，制定一系列有针对性、具体可操作性的创业教育支持制度和政策，为其发展提供依托。对创业教育政策加强宣传和监督力度，刺激更多人主动参与创业教育。其次，政府应为创业教育发展提供资金支持，政府是高校创业教育师资力量发展资金的重要来源，应不遗余力地提供资金支持，为创业教育发展提供坚强的后盾，也可以为教师的教学和科研提供后援保障，使他们无后顾之忧地进行创业教育研究。比如，政府部门可通过财政拨款、设立基金会、颁发奖金等形式，为其师资队伍建设提供资金援助，提高更多教师参与创业教育的积极性。

（二）专职教师队伍建设

对于一所开展创业教育的高校而言，专职教师的数量和质量决定了其创业教育的稳定性和教育质量。我国创业教育处于起步阶段，缺乏专门的师资培养机制，因此可借鉴国外经验，制定短期和长期发展规划，完善创业教育专职教师队伍建设。

就短期规划而言，首先，各高校可以从本校已有教师中选择那些有创业教育潜力并对创业教育有较大兴趣的教师，根据学校开展创业教育的需要，对他们进行专门培训，创造条件让他们去其他创业教育发展较好的高校进修，借鉴其先进的教学经验。其次，鉴于有些国家目前创业教育教师培养体系较为成熟，我国部分有条件的高校可聘请国外创业教育领域的专家来校任职。此外，还可招聘创业教育相关专业的且具有博士学位，并有一定实践经验的社会精英来校担任专职创业教育教师。

就长期规划而言，科学的学科设置是培养创业师资的一种重要手段，我们可以通过开设专门的创业学专业，制定科学的创业教育课程体系和实践体系，培养专门师资。目前，我国在创业教育学位体系建设方面已经取得初步成效，有的高校设立了创业学学位。但现有的教育资源远远无法满足创业教育的教学需要，必须继续加大创业教育学位体系的建设力度。更多有条件的高校可以借鉴美国高校的经验，参与到创业教育专职教师培养中，探索创业学硕士、博士的招生工作，设立创业学学科体系。

国外在师资培训方面已经逐渐形成体系，我们也应该主动借鉴其相关经验。首先，美国重视内部交流学习，教师通过案例教学和研讨会等形式互相分享创业教育经验，共同解决教学中遇到的问题。我们可以参照这种做法，在高校内部组织各种形式的经验交流会和研讨会，通过探讨学校内部存在的问题加强教师之间的交流和互动，还可进行内部培训，成立组织机构进行专门管理。其次，国外注重外部培训，组织各种师资培训班，如美国考夫曼基金会的“创业教育者终身学习计划”对创业教师进行专门的培训。在这方面，我国已经开始尝试并取得了一定成效，如KAB创业教育（中国）项目、由人力资源和社会保障部组织实施的SYB创业培训项目以及清华大学DMC创业研修班等，对创业教育师资建设提供了支持。但有限的培训机构和项目无法满足社会对创业教育教师的庞大需求量，因此，我国应继续探索更为科学高效的创业教育培训机制。在培训项目设置的过程中，可以加强创业教育与专业教育、实践能力培养的融通，以期达到最佳的培训效果。

此外，还要注重加强校企合作，为教师提供体验创业过程的平台，鼓励在校创业教育教师走向社会、走向企业，积累实战经验。

五、形成“从娃娃抓起”的创业教育方式

举例来说，日本的创业教育注重培养学生的创业意识和创业精神，贯穿从小学到大学的各个阶段，在不同的学习阶段开展不同的创业教育活动。

这一点对于中国也有一定的借鉴意义，但不可照搬照抄，因为有些地区并不适用。在小学阶段，要注重培养学生的创业意识和创业品质。例如，利用早上上课前的两三个小时开展送餐饮、送报纸等勤工助学活动。学校可通过理财教育、手工制作等课程与活动让学生萌发创业的念头，在学生心里种下创业的种子。

在中学阶段，要注重培养学生的创业精神，向其传授企业经营方法。利用“综合学习时间”、模拟公司经营活动等，让学生了解基本的财务管理和经营管理方面的知识。

在大学阶段，要注重加强学生的创业知识积累，培养学生的创业技能。各大学可通过开设创业教育课程、提供企业见习机会、创造创业实践条件等，培养学生创业所需的各种知识技能和能力，构建一个从课程到实习再到创业实践的全面教育体系。

在不同阶段开展不同形式的创业教育，可对学生的创业意识、创业精神和创业技能进行全面的培养，为学生未来的创业奠定坚实的基础。

第六章　大学生创业教育改进的具体路径

当前，我国大学生就业与创业面临巨大压力，解决当前大学生创业教育问题，提出新的思路和具体措施，破解大学生就业创业难题，是进行当代大学生创业教育研究的旨归，更需要多方介入与合作。

针对我国高校创业教育目前存在的主要问题，在借鉴经验的基础上，我们提出将高校创业教育“一体两翼”作为统筹全局的顶层设计：高校为创业教育的主体，政府与社会则为两翼。高校是创业教育的实施者，在所有高校的创业教育中，高校始终居于核心主体的地位，其主动整合开发资源，以推动创业教育的发展。政府是创业教育的引导者，社会是创业教育的助推者，是对高校创业教育起到促进作用的力量。创业是一项社会活动，参与经济运行，社会是大学生创业的舞台，良好的社会创业环境与资源支持可以提高学生的创业成功率。

此外，我们应运用马克思主义辩证法，注重内因与外因的结合，大学生个人属于内部因素，在全力打造新型“一体两翼”的同时，要把大学生个人的全面发展作为一个要点。

第一节　个人层面

随着前几年“大众创业、万众创新”理念的提出，国家对高校的人才培养提出了新的要求。创业精神不但是创业的动力源泉，而且是创业者的精神支撑，是创业者能否创业成功的决定性力量。

在创业教育实施过程中，要充分利用多种途径提升创业教育的效果，不断充实创业教育内容，丰富创业知识，注重培养学生的创业人格，坚定其创业信念，锻炼其创业意志，培育其创业品质，从而增强其创业信心，提高其创业能力。

一、塑造大学生的创业人格

人格是人在某个特定的社会环境中表现出来的情绪、思想和性格等的总称，人格决定了人们的行为模式。随着互联网时代的到来，我国大学生在这个经济大背景下开启了创业的新浪潮，大学毕业生已经不再被动地被挑选，他们选择以自主创业来代替就业。

因此，更好地培养大学生的创业素质，提高他们的创业成功率已成为高校的工作重点。创业教育在塑造大学生创业型人格时应充分利用学科优势。具体来说，创业人格包含以下几个方面的内容。

（一）创业人格包含坚定的意志力

意志是一个人源自内心深处的力量，有了坚定的意志，才能更好地指导自己的行为。在创业过程中，大学生不仅需要选择一个适合的行业，还应该坚定自己的意志，下定决心完成自己的梦想和抱负。在现实中，大多数创业成功的人士都有不可动摇的意志力，他们坚信只要努力就会成功。这种信念不断地鼓励着他们，让他们为创业成功而不断努力。因此，在培养大学生创业人格时，教育者首先必须鼓励他们形成坚定的创业意志，这是创业成功的最基本保障。

（二）创业人格包含优良的道德素质

人类与动物的本质区别就在于人类受道德素质的约束。在创业过程中，创业者不可避免地需要拓展人际关系。对于创业者来说，较高的道德素质对维持良好人际关系有重要作用。创业者在创业时除了需要维持与合作伙伴的关系外，还需要得到家庭和朋友的支持与理解，这是创业成功的后盾。除此之外，创业者还必须具备良好的职业道德，拒绝不正当竞争、偷税漏税等违法行为，处理好与同事、竞争对手、消费者的关系。在创业人格培养的过程中，教育者不仅要提高创业者的道德素质，还要培养创业者的自我约束能力，让其在面对各种诱惑时能全身而退。

（三）创业人格包含长期吃苦的精神

创业过程的艰苦不需赘言，在创业过程中大学生创业者会遇到许多人生中从来没有遇到过的困难，这对他们来说是一种极限挑战。只有内心坚毅的人才能不畏前途险阻，完成自己的梦想。在创业过程中，虽然创业成功带来的快乐能给创业者一定的动力，但最重要的是依靠创业者内心的毅力来支撑他们克服一个又一个困难。“吃苦耐劳、迎难而上、坚持不懈”是对创业者最好的夸赞。在创业教育中，教育者要注意让大学生培养吃苦耐劳的精神。第一，要用唯物辩证法引导大学生创业者树立正确的价值观，让大学生明白创业的过程肯定是在曲折中前进的，最后的收获要看你最初的付出。第二，要提高大学生面对挫折时的心理承受能力，全面提高大学生的心理综合素质，失败时敢于承担。第三，要帮助大学生树立正确的道德观念，使其明白吃苦耐劳是优秀的品质，好逸恶劳是可耻的，积极创业是对自身价值的肯定，不要被动等待就业。第四，要加强对大学生艰苦奋斗精神的培养，弘扬先辈们创业时的优秀事迹，以他们为榜样。

二、增强大学生的创业能力

要想创业，首先要明确如何创业，也就是要“会创”，这也是创业知识存在的意义。创业知识主要包括创业起步、目标确定、信息搜集、人际沟通和策略设定等方面的内容。这些内容既相互独立又相互联系，因而要想系统掌握这些知识，学生就要建立一张关于创业知识的网络，并在此基础上熟练掌握各种专业能力。然而事实上，创业能否成功与专业能力有关，而专业能力不是决定性因素，大学生还必须具有管理能力等创业能力。因此，大学生不仅要具备专业知识，还要具备一定的创业能力。

创业能力是创业中不可或缺的能力，也是创业型人才必不可少的能力。创业教育应与学科内容充分结合，综合运用多种教学方法培养学生的各项能力。学生必须培养的创业能力主要有三个方面，即社会交往能力、专业技术能力及实际操作能力。

（一）社会交往能力

创业看起来很简单，实际上涉及很多方面，如经济、文化和社会等，牵扯较多，而这单凭一两个人的力量是难以完成的，因此，创业离不开人与人之间的社会交往。在信息化社会，快捷方便的信息传播方式将各个地方的人们紧密联系在一起，因而创业者一定要具备较强的社会交往能力，懂得集体生活和与人合作，只有这样才能走向创业成功之路。如果不能与人友好合作，只知道单干，在人员任用上无法做到知人善任，甚至于钩心斗角，那么想要取得创业成功几乎是不可能的事情，即使取得了成功，时间也是短暂的，失败终将到来。创业教育工作者要鼓励学生建立良好的人际关系，使其不断改善和发展人际关系。学校要通过多姿多彩的集体活动，用常规的理论知识对学生的各项能力进行培养。实习教学的重要作用也不能忽视，其可以使学生在计划、调研、组织、调控、决策及合作中获得更高的能力。因此，在创业教育过程中，教育者一定要鼓励学生不断发展人际关系，而在学校，发展人际关系的途径比较单一：一是依托学生社团进行互动和交往；二是依托校园文化活动进行人际交往。

（二）实际操作能力

实际操作能力其实就是将理论与实际相结合并应用于具体实践中的能力。实践活动能不断提升学生的自主创业能力，而这种能力在一定程度上反映了学生的创新思维和社会交往能力。要想将创业想法变成现实，创业者仅仅有创业精神是不够的，还必须具备相应的实际操作能力。因此，在整个创业教育过程中，实践课程的开展是重中之重，一方面，学校可不定期开展创业技能大赛，提高受教育者的动手操作能力；另一方面，学校可开发实践项目或建立实践基地，鼓励学生模拟创业，进行项目开发，在真实情境中提升动手操作能力。

（三）专业技术能力

专业技术能力包括两类。一是行业技能。所谓行业技能，就是和所创办企业主经营项目相关的操作能力和对新技术的理解能力等。关于行业技能的训练，可以通过模拟创业活动来进行，这样一方面可以让学生详细了解创办公司的程序，另一方面也可以培养学生的创业能力。二是专业方法技能，包括捕捉市场机遇、挖掘人才、处理信息、调整经营方向、策划营销等技能，其中最重要的就是挖掘人才的技能。

21 世纪最重要的是人才，决定一个企业发展情况的也是人才。因此，只要不断招揽人才，并合理运用这些人才，发挥整个团队的实力，企业就可以不断克服发展中的各种困难，从而立于不败之地。当然，专业方法技能除了之前提到的几种技能外，还包括电信设备使用技能、计算机操作技能和外语技能等。

三、培养大学生吃苦耐劳精神

（一）吃苦耐劳精神

吃苦耐劳是一种精神，是人意志品质的表现，与创业人格、创业能力等素质一样，都对大学生创业有着重要影响。它的外在形式随着时代的进步、人类生存条件的发展变化而呈现多样性和变动性，在不同的历史时期表现出不同的内涵，但其本质却是永恒不变的，具有超时空的普遍意义，代表了社会前进的方向，并非在艰苦生活条件下的权宜之计，而是贯穿于人类社会发展始终的精神支柱。这样的精神状态和行为品质，不论过去、现在还是未来都具有无可争辩的时代价值和重要意义。

古人说："吃得苦中苦，方知甜中甜。"只有乐没有苦的人生是不存在的，欢乐与痛苦相依，艰辛与甜美共存，苦与乐总是相依相随。吃苦耐劳是人生的立业之基、成业之本。如果说老一辈的吃苦耐劳是环境所迫，那么当代大学生则需要自觉培养吃苦耐劳的精神。

（二）吃苦耐劳与大学生创业

大学生在创业过程中，由于资历、经验、资金、人脉等条件的局限，免不了遭受或多或少的挫折，因此遇到挫折时如何寻求应对之策便成了大学生的必修课。一些学生从小养尊处优，或是家中的独生子女，父母的掌上明珠，长辈的心头肉，或是学校里的佼佼者，但进入社会后却时常碰壁，很有可能因此而心灰意冷，对创业失去信心。久而久之，我国高校大学生创业成功率会逐渐降低。增强大学生抗压能力最好的方式就是培养其吃苦耐劳的精神。吃苦耐劳是中华民族的传统美德，中国自古以来就是农耕文明的社会，人们有着踏实肯干的品质，以及“大不了从头再来”的豪迈气概。处于时代变革的风口浪尖，新时代大学生一定要继承这一优秀品德，这样既树立了正确的价值观，又能为创业夯实基础。因此，应当在高校开设吃苦耐劳的教育课程。

传统的教育以教师为主体，学生为客体，学生被动地接受教育者关于吃苦耐劳教育的空洞理论灌输。这一教育过程，在内容、方法、目标上，都忽视了人的情感的体验，只注重学生对吃苦耐劳从不知到知的知识的“外在”积累，而无视人的生命的“内在”自由发展。主要表现在以下两个方面：一是将吃苦耐劳教育限定在课堂上，远离学生的生活实际，将吃苦耐劳品质归结在一张试卷之上，只要学生能答对试卷上有关吃苦耐劳的问题，就以为学生具有了吃苦耐劳的品质，试图将“认知的积累”等同于学生吃苦耐劳品质的培养；二是无视学生的主观能动性，将学生视为被动接受的客体，无视学生的身心体验和情感要求，试图通过理论的强制灌输来培养学生品质。这种在外部压力下的被动式思想道德教育只注重社会教化的过程，忽视了人的自觉性与个体内化的过程。

新时代的吃苦耐劳教育主张采用新的方法，一成不变的教学模式并不适用于所有情况。对大学生开展吃苦耐劳、艰苦奋斗教育就是要培养大学生吃苦耐劳的优秀品质，从而使其具备创业的能力，而不是为了吃苦而吃苦。

具体而言，吃苦耐劳、艰苦奋斗教育就是以培养大学生吃苦耐劳、艰苦奋斗的道德品质为目标指向。从这一道德目标出发，教育工作者应设定特殊的教育情境以适应大学生吃苦耐劳品质发展的价值环境，从而激活吃苦耐劳的内部动机系统，再为其创造条件，让其在教育活动中充分体验到需要得到满足的快乐，从而达到对吃苦耐劳的心之向往及执着追求。

教育工作者要使大学生将吃苦耐劳内化为个人品质，实现吃苦耐劳教育知与行的高度统一，使大学生成为拥有吃苦耐劳习惯的人。马克思说过：“情感是一个精神饱满为自己目标而奋斗的人的本质力量。”因此，我们坚信，培养大学生吃苦耐劳品质对大学生创业大有裨益。可以说，这是大学生创业教育的重要一环。

四、大学生自我创业能力评估

（一）大学生创业能力评价体系内容和要素

大学生创业评价要素可以归纳为“创业品质、创业素质、创业实践能力”三大方面。创业品质是与生俱来的，无法通过教育培训获得；创业素质是通过培训、教育等方式形成的综合素质；创业实践能力是创业品质、创业素质与创业实践有机结合后表现出来的综合能力，是创业能力的核心要素。

鉴于创业实践能力在创业能力体系中的核心地位，为其赋予较高的分值。也就是说，创业品质（执着、冒险、创新、领导、直觉、机遇）、创业素质（竞争意识、应变意识、自制意识、管理意识、法律意识、心理素质）、创业实践能力（计划能力、组织能力、指挥能力、协调能力、控制能力、激励能力、创造能力、适应能力、营销能力、财务能力）分别按照 30 分、30 分、40 分的分值进行分配。这三部分评价内容所包含的评价要素依据平均的原则进行分值分配。

（二）大学生创业能力综合评价方法

大学生创业能力综合评价采取定性与定量相结合的评价方式，评价分数采用百分制。每学年由辅导员、班主任、班级同学和大学生本人，根据大学生参与创业教育及实践的情况，依据评价要素，在分值范围内打分，不同人员的评价分值所占比例不同。

辅导员承担大学生日常教育和管理的重要职能，对大学生的情况较为熟悉，因此辅导员评价分值占 40%。

班主任是大学生班级事务的重要组织者，较为了解大学生学习、生活等方面的情况，因此班主任评价分值占 30%。

虽然班级同学之间最为熟悉，但是为了避免引起同学间不必要的矛盾，同学间的互评分值占 10%。为了给大学生一定的自我评价自主权，而又不至于影响结果的客观性，大学生自评分值占 20%。

总成绩是辅导员评价分数、班主任评价分数、班级同学评价分数、自我评价分数四项分数的加权得分。此分数用来衡量一个大学生的综合创业能力，具体如图 6–1 所示。

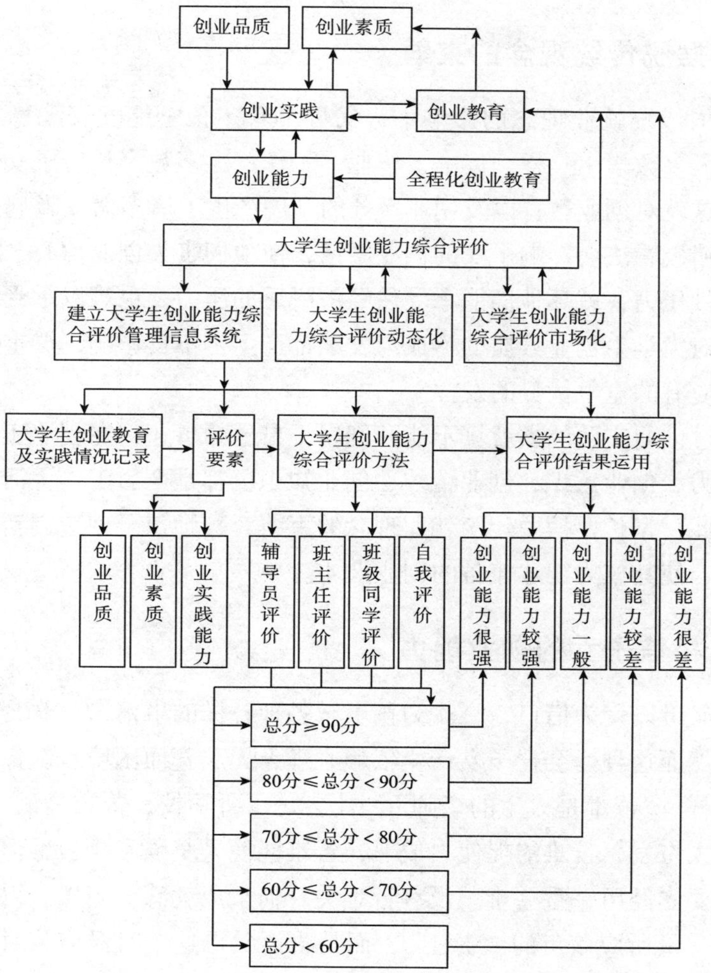

图 6-1　大学生创业能力综合评价模型图

第二节　家庭层面

家庭对创业教育的支持，对激发学生个人创业激情至关重要。家庭是所有人心灵的避风港，是心灵的支柱。虽然大学生进行创业时可能离家非常远，但是家庭对大学生创业仍然有着一定影响，平日里的信息交流、家庭长久以来的言传身教，都在不同程度上影响着大学生的创业。因此，为了提高大学创业素质与创业能力，家庭应做到以下几点。

一、摆脱传统观念的束缚

在中国传统就业理念的影响下，父母都希望孩子能安安稳稳、本本分分，像绝大多数学生一样，读书，毕业，工作。大多数家长对子女创业非常不看好，这就对创业教育以及创业事务的开展产生了诸多消极影响。

这种消极看法会影响子女的创业激情，使他们丧失创业信心，从而产生很大的精神压力，就算他们能承受住经济匮乏的压力，也难以承受心理上的折磨。这对大学生创业素质的形成与发展都产生了不良影响，严重制约了其在社会中应有的竞争优势的发挥。

经历过创业实践的人就算不能开创属于自己的事业，在创业实践中获得的创业能力、创业意识、创业精神、创业知识也都是今后工作生活中宝贵的财富。因此，家长要摆脱传统就业理念的束缚，鼓励孩子创造创新，提高孩子的素质，使其成为德才兼备的创业人才。

二、相信子女的创业能力

很多父母以爱为借口，喜欢为孩子做各种各样的事情，喜欢为孩子安排好一切，然而这种爱会让子女产生依赖心理，无法直面困境。就像巴尔扎克所说的那样，“苦难是人生的老师”。社会是一所学校，苦难是最好的老师。苦难能使人奋发，苦难能促使人成熟，苦难能使人坚强和刚毅，但凡成就伟业者，总要先经历一番磨难。没有苦难关，何来成就感。当然，以上所说并不是推脱父母所应该负的“责任”，而是告诉父母这个时候应该对子女有信心，而不是一味地替子女担心。

第三节　学校层面

一、大力开展创业实践活动

高校应在教学环节中积极强化教育的实践性，使学生有更多的机会面对真实的创业环境，提升创业教育课程的实际效果。

（一）实践活动的三个层次

根据在校大学生的创业意向，创业实践活动可分为三个层次。

第一个层次以普及创业基本知识、营造创业氛围为教学目标。可在全校范围内开设创业教育的必修课和选修课，开展创业讲座、创业实习等实践活动，普及创业知识，展示创业过程。同时，使大学生意识到市场经济为企业的发展带来的机遇与挑战，培养其商业基础技能，营造创业文化氛围。

第二个层次以培养学生创业意识和创业精神为教学目标，举办创业者沙龙，辅导学生参加创业者集训班，参与创业模拟训练、制订创业计划等，培养学生创业思维，提升学生团队合作意识，并随着学生年级的升高加大这种教育力度，使之具备企业家的个性特质。

第三个层次实践活动针对部分有创立企业需求的学生，以开办企业、培养未来企业家为教学目标。采用“项目准入、全真管理、企业孵化、定期考核”的创业教育形式，通过专业化的教育方式为学生提供创业场地和创业启动资金，积极推动大学生进行创业尝试，全面扶持创业团队，进行创业指导，旨在帮助有创业需求的学生，帮助其成为事实上的创业者。

（二）一致性和渐进性的统一

一致性指在一段时间内组织的各级各类创业教育实践活动应该有一个相对一致的创业教育目标，如进行创业计划大赛时，同步开展一系列创业计划讲座。

渐进性指创业教育要依据创业行为的不同阶段，学习主体的不同阶段提供不同的教育内容。创业行为本身具有渐进性，而学习主体从大一到大四也是一个渐进的学习过程，因此创业教育实践活动也要循序渐进，依据不同的阶段提供不同的教育活动。比如，大一时学生处于创业启蒙阶段，那么创业讲座类活动就能使其对创业有一定的感性认识；大四时学生处于创业计划实施阶段，那么创业计划竞赛等活动正好满足其当时的需求。只有创业教育实践体系做到一致性和渐进性的统一，学生才能获得完整的创业教育。

（三）完善创业计划大赛

首先，要完善评选体系与评审标准。比赛不应该成为各个高校研发能力或者导师个人能力的比拼，应鼓励学生凭自己开发的项目参加竞争，政策上应予以倾斜。比赛应增加对参赛学生创新意识和创新精神的考察，评判标准应根据创业教育的内容（即创业知识、创业意识、创业精神、创业能力以及创业特点）来确定。应鼓励服务项目参赛，强调创业项目的可行性和操作性。

其次，要吸引更多的企业关注与参与。应与高校创业教育师资队伍建设相结合，邀请企业界人士担任创业指导教师、创业大赛评委，让学生真正获得专业的点评与指导，而不是仅仅停留在参加创业计划比赛上。同时，参考企业界的要求，不断完善创业计划大赛和创业教育。

（四）拓展大学生创业项目资金筹集方式

学校要依据所处地带的经济结构、社会需求、文化氛围等，有效考察创业教育内部资源情况、创业经费获得渠道以及创业教育外在保障等多方面的因素，不断探究与发展多种多样的创业教育活动。这是因为创业教育具有很强的实践性，项目种类繁多，一般需要有足够的资金保障以维持其正常运作。这就需要学校增加资金获得方式，拥有足够的资金以保证创业教育活动正常开展。比如，学校可以成立一些大学生创业实践基地，帮助他们完成创业项目；创建科研基金，强化对创业教育的理论研究，开发出丰富的创业教育课程；获取企业资金，帮助大学生实现创业梦想；推进科研成果转换成实际价值，拓宽所有资源的自我再生能力。

二、搭建全新创业教育平台与课堂

（一）重视创业教育课程开发

目前对学生的创业教育培训主要在学校的创业教育课堂上进行，学生对培训的评价低主要是因为创业教育课程流于形式，课程开发严重滞后。发达国家已经形成了颇具规模的创业教育课程体系，如澳大利亚积极实行创业教育课程结构改革，开发了创业教育课程体系的四大模块：综合性课程、工业类课程、商业类课程和远程教育课程。在美国，创业课程已成为大学以上学历教育的必修、辅修或重点培训科目。

我国也应重视创业教育课程开发，建立与创业教育价值体系相一致的宽口径、与专业教育相结合的课程体系。创业教育课程应围绕培养新型人才来设计。在开发和编制创新教育课时，应充分发挥教师的积极性，转变传统课程范式，鼓励教师积极参与课程开发，让教师成为课程实践的主体。

各级政府相关部门应强化管理和指导，组织专家、培训师资，开展学术交流和教学研讨，给出不同类型高校创业教育课程体系的指导框架和主要课程教学大纲，并精选、推广、普及国家级省级创业教育精品教材和精品课程；引导高校加强创业教育课程管理，将创业基础课纳入大学必修课系列，计入学分。

（二）全新教学平台

举例来说，在线学习平台，利用互联网优势，将创业教育课程软件、典型案例、教学视频、慕课、微课、专题活动等资源信息上网，供学生在线学习；组织机构平台，成立由教务部门牵头、团委等协同配合的专门组织机构，成立创业学院等培训机构，有效开展创业技能培训和实践锻炼；社团组织平台，在学生会、团委、青年志愿者协会等学生组织的带动下，成立创业社团组织，开展创业竞赛、创业沙龙、创业论坛等活动，并由专业教师团队进行指导和管理；竞赛平台，参加创业大赛，进行创业教育成果展示与分享，以点带面，全员参与，并加强培训指导，如“挑战杯”创业计划大赛、“学创杯”创业大赛、“创业杯”管理决策大赛、“创青春”创业大赛、“互联网+”创业大赛等；创业项目平台，将创业训练计划项目、创客空间、创业实体项目等多部门负责的创业项目融合在一个平台，实现信息共享，共同指导；创业实践平台，购置创新训练软件和硬件设备，建立创业实验室、跨专业实训平台、创业实践平台，在教学之余面向学生开放；咨询服务平台，将政策法规、市场需求等创业信息，通过网络、微信等媒体手段向学生实时传递，并提供现场、在线咨询服务；宣传推广平台，积极培育大学生创业典型，组织创业典型回校宣讲，发挥榜样的力量；创业和成果孵化平台，建立大学生创业（孵化）园，创建学生科技开发、商业服务等创业园区，合理规划开放校园速递、心理辅导、家教服务等创业实体店，使学生获得实战体验。

大学创业园中的大量创业实例可弥补高校理论教学中案例教学的不足，无论创业公司是成功的还是失败的，都可以将其创业过程提炼成典型教案，展示创业成功或失败的过程，分析项目的创意和出发点，总结整理运营及管理流程。从创业园中获得真实的案例，进而用案例进行教学，是一种比较直观和有效的创业教育形式。案例教学中的素材可以向大学生真实地反映创业中遇到的困难和解决的办法，是理论教学的补充形式。同时，案例教学丰富了课程教育体系，能给大学生带来货真价实的生动指导。

三、充分释放教师创造活力

前文已经说到，师资力量对大学生创业教育有着至关重要的作用。加强师资队伍建设，开拓教师教学的创新精神，挖掘教师的最大潜力，成为大学生创业教育改革之关键点。

事实上，高校中的很多教师不是不能创新、不会创新，而是苦于没有相应的文化环境和制度。高校教师创新能力的释放与创业教育的开展紧密相关，因而应从高校及教师自身两方面入手，使教师摆脱当前的被动状态，真正释放创造活力。

（一）从高校层面来看

高校应赋予教师创业教育教学自主权。高校在创业教育过程中所发挥的作用在于营造尊重教师教学个性、释放教师教学活力的环境与氛围。高校应为教师创设个性化创业教育模式提供机会与可能。高校要想使创业教育教师的创造活力真正被释放出来，首先应完善高校教师培训模式，搭建教师创新能力培训平台，有效提升高校教师的创新能力，保障高校教师“会”创新；其次，要出台相关规章制度，鼓励教师探索创业教育实施方式，优化培育路径，给予教师创造的空间，允许教师创造性地安排创业教育课程内容，保障高校教师“敢于”创新；最后，要保证教师的物质待遇及社会地位等基本权益，为教师创新提供物质保障，激发教师的创造活力，保障高校教师“乐于”创新。

（二）从教师自身角度来看

1. 提高自主创新精神和能力，促进持续的自我更新

在高校创业教育中，教师是创业教育的实施者，教师创新精神和创新能力的高低直接影响教育效果。教师要想真正释放自身创造活力，首先应不断

获取与掌握最新的创业知识与技能，增强自身开展创业教育的行为能力，提高自身的创新精神和创新能力。教师要积极参加有关创业教育的培训，促进持续的自我更新，主动成为具有创造性的个体。其次，教师要积极投入一线高校创业教育实践中，不仅要成为高校创业教育课程的实施者，还要积极参与高校创业教育课程的开发，真正成为高校创业教育课程的开发者与建构者。

开展创业教育首先应提高师资水平。提升大学生创业教育教师的素质水平，必须摒弃单纯的理论授课理念。提高教师的实践能力，可以从两个方面着手。第一，鼓励教师亲自到大学科技园从事创业活动，如到科技园内创办企业或者研究生工作室，教师和学生一同感受创业过程。第二，创新教学方法，在大学科技园内创办企业的教师与学生具有多重身份，既是雇主与雇工，也是教师与学生，这种身份的转变可以让学生切身感受到企业文化与校园文化的差异，这样的教学方法很容易对师生的创业思路产生启发。英国剑桥科技园特别注重大学和企业之间的紧密合作关系，要求大学生创业教育教师队伍中大部分人应该兼任企业的顾问或理事，因为只有这样教师才能有切身体会，才能教好每堂课。

2. 鼓励专职教师与企业家合作

在鼓励教师“走出去”学习创业实践知识的同时，积极把大学科技园内的行业专家请进大学校园来，丰富和扩展创业教育的内容。让熟悉市场规律和创业风险的行家里手直接对大学生进行创业教育，不仅弥补了创业教育课程枯燥无聊的缺陷，还能丰富创业教育课程体系，使教育效果事半功倍。这种合作手段要求教师不仅要成为学生创业教育知识的传授者，更要真正把握高校创业教育的旨归，成为学生创新精神的培育者。

鼓励园区与社区互动，培养产业发展所需人才，积极与城市发展对接，帮助学生找准创业落脚点。大学科技园与地方的优势产业及发展方向能否对接直接影响着大学生创业企业的可持续发展。每个城市都有自己的产业特色和优势，大学科技园在帮助大学生选择创业项目的时候要有意识地将大学生创业和城市产业优势或产业基础相对接，这样才能为大学生争取到更优惠的产业政策，得到更多的资源平台。因此，大学科技园推进大学生创业教育的过程中，要积极地和当地政府、产业规划处、发改委等单位保持密切联系，获得产业相关政策优惠信息和产业活动信息，帮助大学生找准创业项目的落脚点。

四、完善多元化的创业教育体系

高校应针对不同年级学生的特点开展形式多样的创业教育。针对低年级的学生，要重点激发其创业兴趣，培养其创业意识，转变其传统就业观；针对高年级学生，应重点培育其创业技能和创业道德操守，使其具备良好的创业素养。针对不同学生的兴趣与个性，高校应组织创业策划活动，在策划中发现问题，提高学生解决问题的能力。高校应探讨灵活多样的教学形式，创造性地进行理论知识的教学，形成开放式的课堂环境。

传统教学方法体系存在着较大的局限性，创业教育改革必须采用新思维，另辟蹊径，寻找新的思路，打破以往教学方式的束缚。教学方法和教学手段的合理选择和运用对于完成教学任务的意义是十分重大的，是促进学生掌握知识和发展能力的保证。

（一）突出问题教学

以解决问题为中心组织教学，这类教学方法既可解决旧问题，也可解决实践中遇到的一些新问题，可促使学生积极思考。比如，可能会遇到这样的问题：在现实创业中怎样有效地进行商业交流与公关交往；怎样激发创业个体和创业团体的创造潜能；怎样利用各种有效资源以及如何制订商业计划；等等。这种教学方法可让学生独立思考，也可让学生分小组讨论甚至辩论，这样不仅能培养学生对创业问题的分析和判断能力，也能增强学生的合作与竞争的意识和能力。

（二）案例分析教学

创业教育要让学生知道怎么想、怎么做，不以单一专业知识或技能的传授为目的。采用典型的、有特色的创业案例教学，可以让学生充分体会创业成功者的创业方法、过程、规律和创业精神，启发学生自己分析和研究，引发创业兴趣，建立创业思想，进行自我创业设计。分析创业案例，不仅要分析成功案例，也要分析失败案例，目的是让学生从成功中汲取经验，从失败中汲取教训。分析创业案例时，教师可以考虑让业界人士参与进来。例如，邀请业界人士为学生举办讲座。他们的创业过程分析报告就是鲜活的分析案例，更能提高学生的兴趣，更有利于提高学生的创业能力。根据教学的需要，教师也可恰当地使用图片、实物等直观教具以及投影、幻灯片、电视、录音和计算机辅助教学等现代化教学手段，以增强知识的直观性、形象性和立体性，加速学生对知识的理解进程。

（三）集体讨论式教学

集体讨论式教学是在教师的主持下，学生通过集体对话和讨论的形式进行多向信息交流的一种教学方法。首先，它从根本上改变了以教师为绝对中心的传统课堂教学结构，突出了集体学习的重要性，既解放了教师，也解放了学生。其次，集体讨论式教学可以使每个学生在集体讨论中发表见解和看法，能激发学生的创新思维，促使他们从不同的角度分析问题。最后，集体讨论式教学为学生之间、师生之间提供了一个交流的平台，有助于集合集体的智慧来解决问题，在交流和讨论中对某一问题达成共识。同时，集体讨论式教学能培养学生多维度思考问题的能力，激发学生的学习热情，活跃课堂气氛。

（四）拓展训练教学

教师应通过设计具有独特思想性、挑战性和趣味性的户外活动和游戏活动，培养学生积极进取的人生态度和团队合作精神。在创业课堂教学课程中，教师可以在室内和户外精心设置一系列新颖、刺激的情景，让学生主动解决团队合作中可能存在的问题。在参与、体验的过程中，学生心理素质得到提高，思维得到启发，然后通过共同讨论、总结，经验分享，感悟团队合作精神的重要性。

（五）操作式教学

操作式教学是一种要求学生动手进行具体操作的教学方法，有利于发挥学生的创造性和主观能动性，也有利于锻炼学生的动手能力，提高其操作技能。它主要有以下几种形式：一是组织学生自己动手制订小型企业的创业方案。学生可以以组为单位，每组四至六人，依靠协同学习的优势，写出创业方案。方案制作的过程可以促使学生收集创业信息，帮助他们巩固创业知识，明确创业思路，培养团队合作精神，为创业打下基础。二是组织学生承担一定的课外项目。其目的在于让学生接触企业、了解企业，进行实战演练，增强实战能力。同时，学生可以锻炼自己的沟通能力、分析问题的能力等，与他人建立和保持更广泛的联系。三是组织学生自己制作创业作品。学生在创业作品的设计过程中，会综合运用各种知识，还要查阅大量的资料，这本身就是一个全面锻炼和提升的过程。

高校在完善以上多元化创业教育体系的同时，要遵循以下三点原则。

一是按照开放、灵活、以学生为本的管理理念，改革和完善教学管理制度和学生管理制度，实施完全学分制，构建有利于学生自主学习的管理制度。

二是形成相对开放的弹性教学系统，构建有利于实施创业教育的教学管理模式。高校要把创业教育作为大学教育的一部分，建立既鼓励和允许学生“走出去”创业，又允许学生继续回校学习的教学管理制度，实现培养模式的多样化和培养方案的个性化，把培养目标与多样化、个性化的教育结合起来，把刚性教学计划与弹性教学计划结合起来，使教学管理制度更有利于实施创业教育。

三是改革单一、僵化的教学模式，专门为部分有创业精神、创业能力的大学生制订教学计划、配备指导教师。在教学方法上，教师要立足于学生创业精神的培养，改变“一言堂”和“满堂灌”的教学方法，采取讨论式、问题式和参与式的教学方法，鼓励学生敢于创新、敢于提出新观点和新思想，增强学生的创新精神和创造能力，构建起提高学生创业素质和能力的新型教学模式。

五、构建服务体系与创业环境

（一）建设校园服务体系

一要制定鼓励学生创业的有关政策，并形成一种创业制度，激发学生的创业欲望。

二要利用校园计算机局域网，加强校园创业信息服务网络建设，为学生提供创业项目、创业资金、创业导师、创业资源、创业政策等信息咨询服务，并通过网络平台，实现大学生创业群体的沟通和交流，增强创业大学生的集体归属感，营造良好的校园创业文化氛围，强化大学生的创业意识。

三要建立大学生创业指导中心，负责组织校内外有关专家和管理咨询机构，为创业学生提供企业管理、财政、税务、工商、外贸商务、法律法规等咨询服务和人员培训；负责对创业项目进行评审；协助创业团队办理工商注册、税务登记，提供物业管理、法律、企业管理咨询等服务；组织对外宣传最新成果，对外承接各类课题和业务；负责利用创业奖励基金，对入驻创业团队评审管理并择优予以支持；帮助成熟的创业团队联系地方创业基地，帮助做好入驻工作；为创业团队提供接待洽谈室、会议室、培训教室等公共设施服务；协助创业团队疏通融资渠道，争取有关的扶持资金、专项贷款和风险投资。

四要建立大学生创业园区，为学生创业提供实践基地，培养大学生的创业素质，建立起完善的大学生创业服务体系。

（二）加强高校与企业之间的联系

关注学科内涵的展现，让学生获得创业的感性认知，是创业教育有效实施的基础。创业教育的实践性，决定了企业参加创业教育的关键性。向大学生教授创业知识仅是创业教育的有机构成之一，创业教育还应通过实践活动使学生养成创业精神，增强创业实力。学校要强化与企业之间的联系，使学生真正了解市场经济的运作方式。企业要不断给创业教育活动带来实际操作的机会，和学校进行有效协作，促进学校开展适应市场发展的科研活动，促使科技成果产业化。具有创业经验的人士，要变成大学生创业比赛的评判者、大学生创业讲座的演讲者和大学生创业教育的教师。

（三）营造创业文化环境

创业文化作为一种文化力，与一般的文化知识或个人学术修养不同，是与创业有关的社会意识形态、思想观念和文化氛围，其核心是引导和鼓励人们追求财富、崇尚创造、激励奋斗，它包括观念文化和制度文化两个层面的内容。

为此，高等学校在推进创业教育、培育校园创业文化的过程中，一要通过培育大学精神、更新办学理念、宣传办学指导思想、凝练校训、培育校风等大学精神文化建设，凸显创业教育思想，促使创业教育成为学校的办学新理念。二要通过以学校的组织建设和制度建设为载体的大学制度文化建设，建立和健全保障创业教育思想得到落实的政策、组织、制度和培养方案。三要通过以学校标志、学校文化设施和学校环境建设为载体的大学物质文化建设，营造创业教育环境和创业文化氛围。四要通过以学校领导工作作风、教师教风、学生学风为载体的大学行为文化建设，渗透创业思想，形成有利于引领学生想创业、敢创业的行为文化，使创业教育思想在校园内达到宣传媒介中有、师生意识中有、人文景观中有、实际行动中有，使创业文化氛围充满校园，让大学真正成为大学生充分展示人的价值和实现人的价值的精神家园。

第四节　社会层面

一、完善创业教育保障机制

创业教育保障系统是保证创业教育实施最为关键的要素之一，高校和社会在帮助大学生完成创业时，应把握好各自的定位，具体包括以下几个方面。

（一）正确定位保障支持

毫无疑问，社会的支持与帮助，对我国大学生创业教育的实施具有十分重要的意义。我国大学生创业教育刚刚起步，持续与强大的保障就显得格外关键。

我国应打造一个激励创业的社会环境，并积极实施一些创业基本设施建设，出台有助于大学生创业的制度与保障政策，从而确保大学生创业的正常运作。因为创业的最后指向是市场，所以政府要给学校更多的自主权。对大学生创业教育的帮助一般指制度保障、资金补给、创业环境打造等间接帮助，政府不能直接插手学校的创业教育。

（二）构建内外部创业实践联盟，让社会变成大学生创业教育坚实的后勤保障

资源融合是创业教育的主要内容之一，社会资源、各个慈善活动和公益群体等，都能给大学生创业提供帮助。社会的风险投资企业等也是大学生创业资金最为关键的提供方。创业教育是一个社会化项目，是社会创业系统中的重要组成部分，要有效带动社会上的所有资源，使其给予大学生创业最为有力的帮助。因此，高校创业教育的顺利实施，不仅要凭借学校中相关体系的亲密协作，还需要社会相关机构的共同努力。

（三）建立创业教育监督评价机制

随着创业教育的快速发展，相应的监督评价机制也变得日益重要，应当对高校创业教育建立强有力的监督评价保障机制。

1. 需要设立创业教育监督机构

创业教育监督机构可监督创业教育各相关部门的工作，保障政策的顺利实施，解决政策落地“最后一公里”问题。该机构应细化监督责任，对其进行定期或不定期的调研和考核，发现工作上的问题并给予指导，对不负责的部门进行通报批评并追究相应责任，以推动创业教育的发展。

另外，各级政府有关部门应建立健全对高校创业教育的评价机制。从20世纪90年代开始，美国的《商业周刊》《创业者》等杂志每年都会对大学创业教育项目进行评估。

目前，我国尚未建立创业教育的评价机制，因此政府需要将创业教育开展情况作为对高校进行教学评估的一个重要方面，突破传统教育教学评估方法，建立科学的创业教育评价体系。在对创业教育进行评价的基础上，政府还要建立监控机制，根据评价结果探索创业教育的督导、检查和奖惩机制，对在创业教育中有突出表现的单位和个人予以奖励并进行推广。

2. 需要建立健全创业教育跟踪服务机制和回访机制

高校应帮助协调解决学生在创业过程中遇到的困难，在学生创办的企业步入正轨后定期对企业的运营进行回访，追踪学生创业质量，收集反馈信息，建立数据库，有效衔接创业教育和创业过程，推动创业教育向纵深发展。

（四）突出创业孵化基地与社会对接，降低大学生面临的风险

大学生创业孵化基地是一种新型的社会经济组织，它为大学生提供办公场地、设施和相关信息服务以及政策、筹资等方面的帮助，从而提升大学生创业的成功率。

在创业教育中，创业孵化基地具有多个功能。第一，创业孵化基地能对创业教育所获成果进行实际验证。在这些地方，大学生创业活动可以获得社会验证，让大学生真正了解和体会到优胜劣汰的市场规则。第二，创业孵化基地对大学生创业有很强的指引功能，使他们在创业中具有正确的方向和目标，也使创业教育有了具体的检验指标。例如，当初的硅谷采用的就是一种与大学生创业孵化基地十分相像的模式，这一模式持续发展，最终产生了“硅谷效应”，以至于对美国经济发展有着很强的影响力。第三，创业孵化基地能使大学生创业教育更鲜活、更物化，创业孵化基地里充满着梦想，然而这些梦想有的成功了，有的失败了。创业教育所要拥有的素材，正是这些成功与失败所产生的经验和教训，将这些信息反馈给大学生创业者，有利于其在创业中反思和提高。

（五）创建三位一体、良性互动的创业教育长久保障机制

课堂、实践和孵化基地，是大学生完成创业最为重要的因素。只有将这三种要素所具有的功能全面发挥出来，形成优势互补，才能创建一个三位一体、良性互动的创业教育长久保障机制。

创建该机制具体需要做到以下几个方面。首先，要强化整合。尽管课堂、实践和孵化基地都有各自的重点与中心，但彼此间又是相互联系、不可分割的，课上的许多知识来自实际，创业实践是学生走进孵化基地的基础条件，而孵化基地给创业实践带来了最好的实际操作场地。其次，要建立一套互动反馈保障体制。创业实践中的具体问题要反馈到课堂中，变成课堂中的具体案例，创业孵化基地中有关项目的运作现状也要呈现到创业实践中，同时辅以社会保障。最后，要构建一些外在保障，包含创业教育评判体制、高水平教师团队、政府和公司对大学生创业教育提供的帮助以及优质的社会环境等。

二、加大创业文化宣传力度

文化环境的建设，主要分为内部和外部两个方面。高校创业教育不是单一的教育活动，不是孤立存在的，而要受到外界社会文化大环境的影响和制约。

提倡创新、鼓励创业的社会文化氛围将直接影响高校创业教育的成效，进而影响学生的创业意识和行为，促进学生积极参与学校内部各式各样的活动。

（一）改变“一次机会”的创业常态

全社会鼓励支持创业，包容失败，有利于我国教育、经济的可持续发展。创业文化环境建设，需要基于长期的发展目标，在明确了自身的经济、社会发展特点的基础上，完善文化建设机制，坚持正确的舆论导向，增强创业氛围。

我们要通过电视、报刊、网络等多种形式宣传创业精神的内涵和相关的政策支持，引导人们树立正确的价值观和世界观，从而形成正确的就业和创业心态。

创业教育的内部文化建设则需要依靠教育本身。现在大部分国家在基础教育阶段就开始开展创业教育，如日本、美国等国建立了相对完善的创业理念、创业知识和技能体系，让学生随着年龄的增长，逐渐形成相应的思想观念、价值取向。

（二）新闻媒体要把创业政策宣传做到位

创业政策对创业的促进作用是巨大的，而创业对经济发展的促进作用也是明显的，国家大力倡导创建创业型国家、创业型社会。因此，新闻媒体应积极发挥舆论的导向作用，大力宣传大学生创业政策，引导大学生从事创业活动。

新闻媒体应借助自身优势从以下几个方面宣传创业政策。

第一，聚焦创业政策。各类新闻媒体应及时关注并宣传中央及地方政府制定的创业政策。

第二，加大创业典型的宣传力度。各类新闻媒体都应高度重视典型宣传的影响力，为大学生的创业活动设立专版，聚焦中小企业。新闻媒体可以有选择地分析成功案例，传播创业“正能量”，使社会对创业有清楚的认识，增强创业者的信心，在整个经济领域营造积极向上的良好氛围，形成大学毕业生竞相创业谋发展的良好局面。

第三，发挥政策解读作用。新闻媒体要对各项大学生创业政策进行详细的、准确的解读，帮助大学生把握好、理解好、运用好各级各类创业优惠政策。新闻媒体应通过全面的、及时的、连续的报道引导社会的焦点，增加社会各界的互动。新闻媒体应充分利用网络互动交流平台，发挥互联网汇聚民智、了解民情的作用。例如，邀请政策制定者做客网络平台，请他们深入解读政策，与大学生进行互动交流，听取各界网民的意见和建议。这样的交流也使政府能及时、准确地掌握大学生创业的情况，并及时发现问题，进而给予帮助。

三、加强中介服务体系建设

我们要加强中介服务体系建设，积极引进中介服务机构，包括技术转让、项目推广、绩效评估、技术合作、成果转让等技术服务部门，以及产品营销、法律咨询、知识产权等各类咨询服务机构。总体来看可以分为以下几个大类。

第一类是公证性中介机构，具体指提供土地、房产、物品、无形资产等价格评估和企业资信评估服务，以及提供仲裁、检验、鉴定、认证、公证服务等的机构。

第二类是代理性中介机构，具体指提供律师、会计服务，以及提供专利、商标、企业注册、税务、报关、签证代理服务等的机构。

第三类是信息技术服务性中介机构，具体指提供咨询、招标、拍卖、职业介绍、广告设计服务等的机构。

根据不同企业的需求，我们还应积极引进和培育一些特殊类型的中介服务机构，利用多元化服务内容，提升服务层次与质量，如技术交易、培训教育以及证券咨询等服务机构。因此，大学科技园应根据当地产业特色，建立技术转移交易中心，让大学生创业团队能以地方会员的身份加入全国性技术交易中心，为大学生创业团队对接高新技术企业，并为以后的产权增值奠定良好基础。

四、全力完善风险投资体系

高校要加强对大学生创业企业的推介力度，通过专业企业包装公司对大学生创业企业进行适当的包装，提升该企业的管理和营销能力，吸引更多投资；拓展企业宣传方式，包括对大学生创业项目打包介绍、利用园区网站对大学生创业团队宣传以及组织大学生参加各种类型的交流会等；拓展服务手段，为大学生创业团队做好融资引资服务。

发展“资金＋管理”的融资模式，即风险投资公司不再单纯地向大学生创业企业投注资金，还应适当输入管理理念。风险投资公司既能为公司注入资金，也可以带来现代化的管理理念以及运营方式。这样一来，大学生不仅收获了创业项目的启动资金，有了资金保障，还能充分利用资源，学习企业管理、项目运作、人力资源等方面的知识，实现最大限度的资源利用，在市场竞争中从容应对。

另外，风险投资公司可以参与到大学生创业企业的运作中，他们对企业有信心了，更多的风险投资公司才会愿意为企业投资。因此，科技园应在引进投资公司的同时，积极引导大学生创业观念，增强其创新意识，提高其创新能力，增加吸引风险投资的机会。

五、畅通创业融资担保体系

融资担保是担保业务中最主要的品种之一，是随着商业信用、金融信用的发展需要和担保对象的融资需求而产生的一种信用中介行为。信用担保机构包括银行在内的金融机构、企业或个人，这些资金出借方与资金需求方（主要是企业和个人）之间，作为第三方保证人为债务方向债权方提供信用担保——担保债务方履行合同或其他类资金约定的责任和义务。

在其业务性质上，融资担保具有金融性和中介性双重属性，属于一种特殊的金融中介服务。它利用自身的第三方信用为资金供给方和资金需求方提供融资担保服务，以此促进双方交易的完成。在开展融资担保业务过程中，信用担保机构要完成两方面的工作：一方面，对资金需求方进行信用评估；另一方面，向资金供给方提供自身资信证明，取得其对自身信用保证资格和履约能力的认可。

大学科技园中的大部分大学生创业企业的成立所依托的就是创意和技

术，缺少相应的固定资产，银行贷款与否决定着大学生能否建立创业企业。该部分企业发展的不确定性非常突出，因此只有建立信用担保体系，并逐步提高企业的信用等级，才能使银行增加对大学生创业企业的信任度，银行贷款才能水到渠成。

鉴于此，高校和相关单位可采取如下措施：成立大学生创业企业信用担保机构，并在其中设立企业风险担保资金，向园区大学生创业企业提供银行贷款担保；成立银科企联动机构，组织商业银行、科技研发机构、大学生创业团队的成员，开展一些具有创新特色且以企业发展为主题的活动，通过活动加强他们之间的交流、信息沟通，使银行了解大学生创业企业的发展情况，增强银行对企业的发展信心。

第五节　政府层面

政府出台政策鼓励和支持大学生创业，无论对于国家和民族的发展，还是对于高等教育的改革，甚至对于大学生个人的成长都具有非常重要的意义。大学生作为国家重要的人才资源，掌握着更加完善、系统的知识，他们进行的创业活动更具有专业性和科学性。培养具有创新精神的大学生，可以提升国家整体的创新力量，进而提高国家在国际舞台上的竞争力。本节将介绍我国针对大学生创业的政策。

一、加强大学生创业财税支持

“资金是大学生创业的首要难题，国家为帮助大学生应对这样的难题逐渐完善创业优惠政策。创业资金政策主要分为创业税收政策、创业信贷政策、创业补贴。从2010年起，国务院就出台了应届毕业生创业的税收优惠政策和小额担保贷款政策。”[1] 经过近十年的发展，这一情况有了初步改善，但在局部仍有很多不足之处需要改善。

1 李明．我国近五年大学生创业政策的回顾评价与展望（2010—2014）[J]. 理论观察，2015（1）：120-121.

（一）出台优惠政策

“结合过去的经验，现今的大学生创业政策应该立足于‘让更多人了解创业，让更多人支持创业’。要走向一条在政府的主导下，以创业政策为前提，以创业教育为主要手段，以商务支持为重心的更宽更广的大学生创业之路。”[1] 为了激发大学生的创业热情，国家和各地区都应出台更多优惠的政策。除了制定一般原则性政策，政府还应该出台一些实施细则，这能在一定程度上改善前文所说的局部的不足之处，防止部分政策没有发挥其应有的作用这一弊端。

因此，我国应当加大财政专项资金的投入，尽快设立面向全国大学毕业生的创业专项基金。同时，我们可以尝试从政府的预算资金中专门拨出一部分资金用于支持大学生创业。在投入专项资金时，也应当考虑区域经济均衡发展的原则，要在各区域间合理配置，避免有些区域资金闲置而有些区域缺乏资金的情况出现。对于大学生所创立的企业，加大专项资金的投入是“开源”，那么政府在税收上对其创立的企业进行减免就是“节流”了。

政府虽然在企业所得税中对小企业实施了优惠的税率，但是这个税率对于还在大学校园里的学生或者说刚刚步入社会的大学生来说仍是一个比较大的负担。因此，政府部门可以考虑对大学生所创企业的纳税期限适当延长。税收优惠体系在范围上应当扩大至个人所得税等领域，而不是仅仅局限在企业所得税这一狭小的范畴中。税务部门可以允许科技创新型企业改变计提折旧的方法，从而降低企业的生产成本。

（二）设立大学生创业基金

虽然创业基金在我国早就存在，但是由于其数量少而且有许多限制条件，只有极少数的留学生创业者才能申请到创业基金。

为了扩大能享受到创业基金的大学生的范围，我国应当建立更多的大学生创业基金；贷款申请和发放流程的制定则可以保证大学生创业基金的公平发放。上海市在大学生创业基金的运作方面处于全国领先地位。已经持续实施了多年的上海市大学生科技创业基金由上海市科技教育专项资金提供支

1 李明．我国近五年大学生创业政策的回顾评价与展望（2010—2014）[J]．理论观察，2015（1）：120-121.

持。此外，基金自身也由单纯的融资帮助逐渐发展成为集创业融资、服务、中介咨询于一体的大型孵化器。上海市大学生科技创业基金的设立，不仅解决了大学生创业者融资难的困境，也在一定程度上促进了科技成果转化为推动社会进步的生产力，从而带动了社会经济的发展。上海市大学生科技创业基金的成功经验值得全国学习和借鉴。

因此，从全国的整体局势考量，国家可以设立大学生创业基金，主要由中央财政拨专款来注资，地方政府、高校起辅助作用，也可以吸收社会捐资，不断充实创业基金。另外，我国政府还可以借鉴英国的“青年创业计划”，为大学生创业者提供发展债券式的创业启动金。

（三）完善创业融资政策

对现阶段我国大学生创业情况的调查结果表明，融资难是大学生创业过程中很棘手的问题，大学生对于创业资金的需求很强烈，融资渠道窄就像一道坎儿横亘在他们的创业路上。因此，政府应发挥其宏观调控的功能，通过各种方式努力为创业大学生扩大融资渠道。

除此之外，大学生可以向亲友借用资金或以抵押方式向银行贷款等获得借款。向亲戚朋友借钱，这种方式获得的资金金额一般不会太大，很难满足大学生的创业需要。因此，寻找有资金实力的合伙伙伴或联合其他股东是大学生不容忽视的融资渠道。

大学生也可以增加经济基础好的客户预付款比例，使运营资金更加丰厚。同时，可向供应商延期或分期付款，以缓解经营性资金运作的压力。

大学生还可采取创业租赁方式。创业租赁作为一种形式特殊的融资租赁方式，旨在为新创企业提供便利。一般融资具有很强的灵活性，而创业投资又具有高收益性，创业租赁将两者有机结合，在一定程度上解决了大学生在创业初期资金匮乏的问题，减轻了购买设备的压力。租赁对大学生创业而言是一个双赢的良方，它不仅从基础层面解决了大学生资金短缺的困难，而且从一个更高的层面完善了大学生新创企业的资本结构。这样既有利于企业生产能力快速形成，也有利于减轻企业所得税的税负。由此分析得出，创业租赁这种融资方式对于大学生来说值得采用。

大学生利用小额创业贷款也是一个不错的选择。目前大学生创业贷款难成了普遍存在的现象，各地区相关机构本着具体问题具体分析的原则，对于不同情况引起的贷款难给予不同的解决方式。小额创业贷款项目的实施在一些地区发挥了重要作用，从政策上鼓励了大学生创业。还有些地区的政府部门为了在促进大学生创业的同时规范借贷市场的秩序，创建中小企业担保公司，扩大为新创企业进行贷款担保的业务范围，为大学生创业提供便利。

（四）完善税收和融资政策的监督机制

地方政府应强化监督，促进政策的制定、改善以及扎实落实。地方政府应不断完善税收和融资政策，使其更加合理，更加有利于大学生创业。

同时，地方政府应积极响应上级的方针政策，并根据具体情况改善现有的税收和融资政策，以更好地适应大学生创业的需要，为他们提供良好的融资条件和服务环境。

此外，政府应对政策落实的效果进行分析，并将情况汇总及时向上级反馈，这有利于政府相关机构根据当地具体情况调整对实际工作低效或无效的政策，以确保当地政府制定的税收和融资政策不会逾越国家政策规定的范围和框架，保证地方的政策法规能切实落实。

为了更好地为大学生创业提供及时的政策服务，地方政府应督促各有关部门做好日常工作，认真落实中央出台的税收和金融政策。高质量和高效益地落实税收和金融政策，政策法规部门的监督检查必不可少。

第一，监督检查税收和金融政策的执行情况。有关部门要做到点对点地落实政策，每一项任务都要有专门人员负责实施，实行“一站式”服务。政府应整体安排监督部门、执法部门以及其他服务部门的相关工作，增强服务意识，提升服务工作的效率，形成政府宏观调控和企业扩大经营的良性互动。

第二，开展税收和融资政策监管质量评比。税收征管的公平、公正、公开可以有力地推进大学生税收优惠政策的落实。政府要保证税收和金融政策实施的质量，就应时刻谨记该征则征、该减则减的要求，并不定期地对政策落实情况进行复查，通过政策约束力增强检查人员的工作责任感，保证政策的贯彻落实。

二、健全大学生创业法律法规

我国相关的法律法规从改革开放之初就逐步制定并实施,《中华人民共和国就业促进法》《中华人民共和国劳动法》《中华人民共和国合同法》等法律法规对于引导、推动和规范新创企业健康、快速发展起到了一定作用。

目前的大学生创业教育、创业实践虽然取得了诸多成绩，但是也遇到了很多困难，产生了新的问题。这些困难与问题的解决，在很大程度上要求提高大学生创业法律法规素养。

(一)大学生创业法律法规素养培育要常态化、规范化

培育大学生创业法律法规素养，首先需要确定培育理念，有了完善的、合理的理念，才能持续开展大学生创业法律法规素养的培育工作。

但现实的情况是，法治教育在高校并没有常态化开展，大学生创业法律法规素养培育也没有常态化进行。创业教育有统一的教材与课程安排，但是大学生创业法律法规素养的培育却没有相应的教材与课程配置，高校大学生创业法律法规素养培育随意性大，规范性严重不足。因此，高校大学生创业法律法规素养培育刻不容缓，需要对学生进行系统、统一的法律法规教育，如果只在课堂上偶尔捎带几句，完全达不到预期的效果。

(二)当代大学生创业法律法规素养培育的内容要全面

教育内容是决定当代大学生创业法律法规素养培育内涵的关键因素，有了完善、创新的培育内容才能提升当代大学生的创业法律法规素养。

但是，目前高校开展的创业教育往往一味注重创业知识、创业技巧等内容的传授，忽略了法治素养培育的内容；即使有相关内容，也是零散的，不成系统，如对民法、商法等覆盖严重不足，在很大程度上影响了当代大学生创业法律法规素养培育内容的构建。

(三)大学生创业法律法规素养培育应理论与实践相结合

在健全大学生创业法律法规的形势下，如果素养培育不强调理论与实践的良好结合，那么培育的实效性将大打折扣。培育的方式决定着创业法律法

规素养培育的效果，好的、合适的、创新的培育手段可大大提升大学生创业法律法规素养培育效果。目前高校学生创业教育中虽包含一定的创业法律法规素养培育理论知识，但课堂授课方式单一，其无法在实践应用中给予指导。这既影响了大学生创业法律法规素养理论水平的提升，也影响了大学生法律法规素养实践水平的提升。

（四）要加强当代大学生创业法律法规素养培育的主体素质与环境氛围建设的力度

大学生创业法律法规相关氛围建设力度不强，也会影响其培育的保障供给基础。培育的主体素质与培育的法治环境是对大学生开展创业法律法规素养培育的保障，应该受到高校的高度重视。但是，目前参与大学生创业法律法规素养培育的教师不仅缺乏创业的实际经验与创业的理论功底，而且法律法规素养普遍不高，极大地影响了对当代大学生创业法律法规素养的培育水平。当代大学生应该在创业中不断加强创业法律法规的理论学习，以此不断强化自身法律法规的知识底子。当代大学生应在坚持法律法规理论知识学习的基础上，坚持实践，将所学的创业法律法规应用于创业实践中，不断提升创业法律法规的实践运用能力。

综上所述，我们发现这些法律法规大多是解决就业问题的，对创业内容涉及较少，可操作性不强，因此需要在现有法律的基础上，结合创业教育实践，制定相应的法律法规，将政策用法律形式固定下来，从而增强相关政策的稳定性和权威性。创业教育法律法规涉及多个方面，根据我国创业教育的现实情况和实际需求，主要应包括以下三个方面。

第一，促进大学生创业的专门法律，内容应该包括创业的理念和目标定位、创业中各主体应该承担和履行的权利和义务、各职能部门的职责以及监督机制等。

第二，促进大学生创业的其他法律，包括创业师资队伍建设、创业培训等。

第三，与大学生创业配套的相关法律，如改进高校教育管理体制、人才培养和教学质量、社会保障等方面。

总之，政府要在政策引导、制度保障、环境营造、规范服务等方面加强立法，确保创业教育各主体有法可依、有法保障，推动我国创业教育的规范化、制度化和法治化。

三、加快创业政策系统化进程

我国的创业教育机制和创业培训体制尚处在初始阶段，大学生创业教育内容及创业培训形式还不够丰富。欧美等国从创业发展初期就非常重视建立完善的创业教育机制和创业培训体制，建立了从幼儿时期至大学时期的专业化创业教育机制，培养了学生的创业意识和创业思维，形成了浓郁、包容和优质的创业环境。

我国在加强创业政策系统化的基础上应健全大学生创业教育机制和创业培训体制。创业教育在理论上丰富了大学生的知识储备，创业培训在实践中提高了大学生的创业技能，两者相辅相成，帮助大学生全面调动创业的热情，引导其走向成功之路。

（一）健全创业教育机制与法律法规

1. 健全大学生创业教育机制

健全大学生创业教育机制要从学校和社会两个层面展开。第一，学校要全面设置创业教育课程并配备专兼职教师传授理论知识，创业教育要“从娃娃抓起”，从幼儿时期就开始向他们传授相关知识。第二，社会应构建合理的创业培训体制，为大学生开设多种多样的创业培训班，为其提供针对性的创业培训，提高其创业成功率。

2. 完善法律法规，建立多元化的创业投资体系

我国针对大学生创业的相关法律法规建设还处在起步阶段，缺乏完善的法律法规促进大学生创业。反观英美两国政府，他们根据大学生创业过程的不同时期制定了相应的法律法规，建立了非常完善的法律法规体系，如社会保险法、破产法、税制改革法和小额担保贷款法以及创业投资法等。系统化和规范化的法律法规应明确政府、高校和社会的责任，使各方各司其职。为此，我国应该规范法律法规，并全方位、多角度地维护大学生创业利益。此外，我国还应建立多元化的创业投资体系，包括天使投资、风险投资和私人股权基金。

3. 完善创业宣传、监督、评估机制

首先，完善创业宣传机制，以宣传大学生创业扶持政策为内容，以电

视、微博和微信等媒体为宣传手段，以形成浓郁的、积极的、优质的创业环境为目标，实现创业带动就业的倍增效应和大学生的自我价值。要制订一套系统化的大学生创业宣传方案，成功打造一支精英宣传队伍，力求形成大学生崇尚创业，政府鼓励创业、支持创业的良好的舆论环境和优质的社会环境。其次，完善监督和评估机制，以大学生利益为出发点，多方面、全方位、多角度监督政策执行者的行为，评估大学生创业扶持政策的相关成果，从而保障大学生创业过程中的合法权益。完善的监督机制可以在出现问题时及时追究政策执行者的相应责任，预估政策制定的最初目标能否实现。

（二）重点培养创业者在部分领域独立自主的开发能力

创业者应提高自主开发能力，通过核心技术提高产品的竞争力和利润率。有条件的企业最好能成立专门的研究机构，加强对核心技术和关键技术的研究开发。

举例来说，目前的计算机、高端手机、汽车、飞机等产业虽然实现了国产化，但缺乏核心技术，如芯片需要大量进口，这种组装工业结构是非常脆弱的。根据现实，以最适当的成本取得部分领域的核心技术，而不仅仅是引进生产线，是目前多数行业的现实选择。因此，我国应完善引进、培养人才的各项政策。企业科技研究队伍是企业创新的决定性因素，企业应积极引进、培养高级科技人才，提高企业科技人才在人力资源中的比例，提高高级研究人员的比重，同时要努力通过研究机构国际化的方式或者高薪引进海外人才。

第七章　我国大学生创业教育的展望

结合经验，现今的大学生创业政策应该立足于“让更多人了解创业，让更多人支持创业”，打造一条由政府主导，以创业政策为前提，以创业教育为主，以商务支持为重心的更宽更广的大学生创业之路。

第一节　打造创业教育的新型研究方式

未来，需要从以下五个方面开展创业教育研究。

第一，要瞄准一个方向。这个方向就是努力构建具有中国特色的创业教育学。创业教育是一个由我国自主提出的新概念，更是一个符合社会长远发展需求的新领域。这个领域涉及面很广，涉及教育领域的创新教育、创业教育和创新人才培养等问题，也涉及经济学、管理学领域的创新、创业、创业型经济等问题，还涉及社会学领域的国家创新驱动战略、社会转型、社会稳定等问题，更涉及马克思主义理论等领域的人的全面发展、价值与价值实现、价值观等问题。

可以说，创业教育是一个以问题为导向的多学科交叉的领域。我们要按照学科建设标准考虑和推进创业教育研究，逐步建立具有中国特色的创业教育学。

第二，要增强两个意识。一个是新概念意识。前文已经讨论过，创业教育是一个很重要的新概念，但在具体使用中，人们往往把它作为老概念。甚至有的研究者在阐释了创业教育概念的新内涵后，依然错误使用。这需要引起我们的高度重视，研究者应从多个角度继续深入阐释创业教育的内涵，如分析创业教育新概念的特点、类型、形成过程等，努力在学术共同体的层面上达成共识。

另一个是新理念意识。创业教育从本质上讲不是一种教育形式，而是一种力求以创业人才培养为核心全面改革传统教育教学的新理念。当然，在理论研究和实践探索的初期，我们不可避免地还要讨论一些相对独立的创业教育形式，如创业教育的专门课程等，但一定要意识到我们的最终目的是实现传统教育教学的全面改革，把创业教育新理念完全渗透到教育之中。

第三，要厘清三层关系。①在创业教育内部的横向层面，厘清创业教育与传统的创业教育、创新教育、创新人才培养以至素质教育的关系，深入分析它们的差异性和同一性，着重解决传统的创新教育、创业教育等向创业教育“归一”的问题。②在创业教育内部的纵向层面，厘清大学、中学、小学创业教育的关系。创业教育是一种关于基本素质的教育，这种素质的形成是渐进式的、积累性的，是一种“创业基因”意义上的素质，需要从小培养，日积月累。因此，我们必须深入研究创业教育如何在大中小学之间有机衔接的问题。③在创业教育外部的宏观层面，厘清学校教育与家庭教育、社会教育的关系。创业教育不是仅靠学校教育就能彻底完成的，需要家庭、社会、国家等多个层面的共同参与。

第四，要破解四个难题。①如何面向全体的问题，实际上是创业教育如何“分类”教的问题。国内外的有关理论和经验表明，创业教育面向全体并非“一刀切”，相反，针对不同学校、不同学段、不同学生等要有不同的设计。如何实现针对性的设计，是一个亟待破解的难题。②如何融入专业的问题。“融入专业”不是“替代专业”，也不是把创业教育“仅办成一个专业”，实质是解决如何发挥各专业教育教学创业教育功能的问题。不同学科专业有不同的情况，需要细致研究。③如何贯穿人才培养全过程的问题。这涉及学生入学考试选拔、各学段教育教学的连贯性等问题，需要树立系统论的观点，全面分析，深入研究。④确保以上三个“如何”协同推进、共同实现的问题。以上三个“如何”不能单独进行，而是相互关联、齐头并进的。

第五，要构建五个体系。①理论体系。要以创新型人才培养为新定位，推进中国高校创业教育改革，构建中国特色的创业教育理论体系，包括符合国情的创业教育基本原理、方法体系、史论研究和国际比较。②实践运行体系。要有效整合传统教育中的基地班、创业学院、创新教育试点等实践方式，搭建更有效的创业教育实践载体，形成更为成熟的创业教育实践模式。③师资培养培训体系。教学改革，“改到深处是教师”。创业教育力求推动的教育改革，在其实践层面，最终必然体现为教学改革，而教学改革的关键是“教师改革”，即彻底改变教师的教育观念，强化其创业教育理念和能力。这就需要从根本上建立一套有效的创业师资培养和培训体系。④实施保障体系。创业教育的实施需要国家政策、教育体制机制改革甚至教育投入改革等作保障，要围绕创业教育的核心需求和改革进程，构建创业教育的良好生态。⑤教育评价体系。创业教育是一种新的教育理念和模式，是一种改革。改革需要评估，“以评促建、以评促改”。这就需要重新设计创业教育的评价标准、评价方式等，为创业教育的深入发展保驾护航。

第二节　发挥创业教育相关变量的中介作用

一、对非学生身份青年进行创业教育

跳出现有理论框架的束缚，积极探索其他变量在创业教育和创业意愿间的中介作用，是今后研究的重点之一。

例如，作为触发创业意愿的重要因素，个体的创新思维能通过接受教育而提高。创业教育要注重培养学生的创新思维、创新能力，构建系统的知识结构，为潜在的创业者奠定坚实的基础。而现有的大学创业教育往往倾向于教授技术性技能，而忽略创新思维的培养，这可能会挫败学生的创业意愿。创新思维在高校大学生创业教育与创业意愿间的中介作用需要进一步研究。

但是，目前尚缺乏创业教育对创新思维的影响，以及创新思维对创业意愿持续作用的实证研究。

我国十分重视以高校毕业生为重点的青年就业创业和农村转移劳动力、城镇就业困难人员等群体的就业创业问题。

现有的研究都是基于高校教育对大学生群体的探索，很少涉及其他层面。因此，现有研究结果的适用性和应用性还有巨大的提升空间。如何促进除高校毕业生外其他群体的创业积极性，提高他们的创业意愿和技能，以及

科学设置这些群体的创业教育内容，是当下研究的空白点。

二、课程设置国际化与地方化相融合

目前我国高校创业教育课程的设置主要存在以下问题：①没有关于创业能力培养课程的设置；②缺乏中国创业环境背景下创业能力培养的研究和教材；③一些高校虽开设了相关的选修课，但仅仅是孤立的课程而已，创业教育课程同其他课程之间的逻辑性以及创业教育课程内部的逻辑性问题都有待进一步厘清和完善；④当前创业教育尚无明确的教育目标和学科内容。

当前我国很多高校把大学生的创业教育和创业大赛混同起来，导致了创业教育极强的精英化痕迹，它只关注到了少部分人的骄人业绩，而大多数学生只是袖手旁观的“看客”。事实上，我国高校实施的创业教育覆盖面太窄，在相当程度上还只是存在于“正规教育”之外的“业余教育”，还没有融入学校正式的教学课程体系中，与学科和专业教育缺乏有机联系和结合，这也在很大程度上影响和制约了我国大学生创业的广度和深度。

目前的研究多数局限在教育学的范畴内，对管理学、社会学和心理学等其他学科的运用非常少，研究视角较单一，不能基于多学科全面地分析大学生创业问题，研究内容和研究方法偏于老旧，缺乏创新性，这极大地限制了大学生创业研究的进一步发展。未来研究可以综合运用多个学科的理论以拓展大学生创业的研究广度。

从研究类型的分析结果来看，目前国内研究多是规范性研究，主要对大学生创业的现状以及必要性等进行描述和分析，缺乏深入的调查研究，提出的建议较为笼统且可操作性不强。未来的大学生创业研究需要加强实证研究，尤其是基于大学生创业教育的实证研究，这有利于我国创业教育模式及体系的形成。

从研究层次的分析结果来看，目前国内研究更侧重于大学生创业教育、创业环境、创业现状等宏观层面上的研究，忽略了大学生创业能力、创业意向和创业动机等微观机理研究，这不利于大学生进行创业实践活动。目前国内学者的研究多集中在其中某一个层面，未来可以将微观层面和宏观层面结合起来进行多维度的大学生创业研究。

从研究主题的分析结果来看，虽然国内学者在若干个大学生创业领域主题上的研究已日趋成熟，但是未来研究还需要在这些成熟的研究主题上进一步深入探究，可就创业意向、创业能力等有效测量问题开展相应的研究。目前大学生创业文献多集中于某一单一研究主题，未来的研究可从两个主题甚至更多主题的交叉性研究展开，这是大学生创业研究的一个重要突破口。

从研究方法的分析结果来看，相比于国外学者主要通过收集二手数据开展大学生创业领域的实证研究，我国学者仍然主要采用问卷调查方法收集一手资料以开展相应的实证研究。但目前国内问卷调查多是横向调查，得到的数据是某一时期或某一时间点的，准确性不够，未来的研究可以考虑横向调查与纵向调查相结合，这在一定程度上可以解决这个问题。

第三节　开辟创业教育发展新格局

一、树立全局意识，统筹布局

高校开展创业教育工作，是国家实施创新驱动发展战略、促进经济高质量发展的迫切需要，也是推进高等教育综合改革、促进毕业生更高质量创业就业的重要举措。作为创业人才培养的摇篮，高校在新时期开展创业教育工作过程中，应更新教育理念，树立全局意识。产学合作协同育人是必然选择，应“整合高校和社会资源，将创业人才培养纳入高校人才培养目标，坚持创业人才培养与专业课程相结合，构建多层次、立体化、针对性强的创业教育课程体系”[1]。

首先，高校决策层应高度重视大学生创业教育在人才培养过程中的重要意义，将大学生创业教育纳入高校人才培养体系，从人才培养目标上明确该项工作的重要性，形成人人接受、认同并重视创业教育的局面。各教育教学单位也要充分认识到创业对各自学科建设、专业发展的促进作用，结合自身专业特色和行业背景，在教学计划、课程设置、教材体系等方面实现专业教育与创业教育的深度融合。

其次，建立专门的大学生创业教育机构是未来发展的趋势。具体而言，高校应结合自身特点，建立编制、场地、经费等相对独立的大学生创业学院，通过科学合理的顶层设置，明确职能，理顺机制，统筹全校创业教育工

1 黄兆信，王志强．论高校创业教育与专业教育的融合[J]. 教育研究，2013(12)：59-67.

作。学校其他职能部门在日常管理中要增强协作和服务意识，充分发挥管理育人的作用。

最后，加强与社会的互动，促进高校创业教育融入社会“大众创业、万众创新”的时代浪潮中。创业教育是一个复杂的社会系统工程，涉及政府、企事业单位、高校、第三方机构（行业协会、媒体等）以及家庭、创客。高校要发扬“兼容并包”的优良办学方针，整合各方力量，优化资源配置，建立校校、校企、校地、校所以及国际合作的协同育人新机制。

（一）更加科学合理的教育体系

构建科学合理的教育体系，是促进创业教育可持续发展的重要支撑。作为高校育人的一项重要工程，创业教育无时不在，无处不在。实践证明，科学的工作体系是开展创业教育工作的前提和基础。

因此，在今后的工作中，高校要以“意识养成、知识内化、技能提升和精神塑造”的教育目标为根本落脚点，通过健全课程教育、强化实践平台、改革评价模式和提升指导服务，实现教育体系的科学化，促进创业教育向纵深发展。

首先，在现有创业教育大众课程基础上，根据人才培养定位和创业教育目标的要求，挖掘和充实各类专业课程的创业教育资源，不断优化教材内容，建设依次递进、有机衔接、科学合理的创业教育课程群。同时，改革教学方法，在课程教学中综合运用模拟教学、活动教学、体验教学、案例教学等方式，增加学生的创业实践体验。

其次，提升科技创新、创意设计、创业计划等专题竞赛水平，加大大学生创业训练计划的社会效应。以大学生创业园为基础，建好一批大学生校内外实践教育基地、创业孵化基地，实现实践平台价值的最大化。改革“重知识传授、轻能力培养”的传统人才评价模式，建立“重知识内化、更重能力提升”的可持续跟踪的科学考评体系。

最后，提升创业指导服务水平。高校可借助政府、第三方机构等多方力量，为大学生创业成果的孵化提供项目论证、公司注册、财务管理、法律咨询、专利代理、物业管理等“一站式”服务，全面提升大学生创业基地的孵化能力和水平。

（二）师资队伍更加专业

教师是高校创业教育中的主导因素，师资水平直接影响着高校创业人才的培养质量。高校要把创业师资队伍的建设工作放在学校未来事业长久发展和全校师资整体规划的战略高度，不断优化师资结构，提升师资水平，促进队伍的职业化、专业化和专家化。一方面，制定科学合理的聘用和管理制度，选聘具有创新理念、创业精神，基础扎实，能力出众和经验丰富的教师，建立起三个层面的专家队伍，即拥有“广而深”的专业知识，能讲课的创业教育理论教师；拥有“精而专”的业务技能，能指导实践的创业教育实践教师；拥有“丰而强”的创业阅历和能力，能指导创业项目孵化的创业实战导师。另一方面，注重培养和培训，不断增强师资的胜任力。加强继续教育与培训，完善创业教育现有师资的资格认证工作，不断提升从业人员的职业化水平和专业水准。同时，尊重需求，加强绩效考核，调动队伍人员的工作积极性；确定创业专兼职教师在学校的地位，改善工作环境，提高他们的归属感和忠诚度；制订并实施公平、公正、公开的创业教育绩效考评方案，对教育成果优秀、表现突出的创业教育专兼职教师在薪酬、晋升等方面给予激励。

（三）浓厚的创业氛围

校园文化是一所大学赖以生存和发展的重要根基和血脉，是高校人才培养中的一个重要因素，具有不可替代的育人功能。当前，创业已成为知识经济时代社会发展的重要趋势，建设积极进取、富有创业精神的创业型大学俨然成了高等教育发展战略的支点。

高校要努力构建和营造一个富有创业精神的校园文化氛围，把创业教育寓于其中，强化文化育人，实现校园文化的教育、同化和激励功能。

首先，要优化和完善各项制度，释放创业活力。高校要围绕创业型大学建设标准和创业教育人才培养目标，在教学管理、科研管理、学生管理、师资管理等方面进行积极探索，制定出符合创业人才成长规律和适宜创业教育文化氛围的有关制度，释放出师生创业的活力，真正形成“尊重知识创新、实现知识价值”的校园创业文化。

其次，在创业教育各项活动中要倡导勇于创业的精神文化。创新是大学的灵魂和生命力，要将创新的理念渗透到专业教育活动中，鼓励学生跨专业、跨学科学习，实现专业知识的内化和创新。通过“两课”、主题教育等活动，在观念层面引导学生产生创业社会意识，形成社会责任感、道德感和使命感。在各类校园活动中，释放学生追求创新、敢闯敢试、追求卓越的开创性个性，培养学生积极进取、敢于竞争、团结协作、坚韧不拔的品质。

最后，要充分利用各类舆论阵地，宣传体现创业精神的典型人物和事件，同时将创业的精神文化植入学校的教学楼、实验室、学生公寓及路标等实体中，努力营造“创新无处不在、创业就在左右”的良好氛围。

目前，虽然创业教育研究处于“百花齐放，百家争鸣”的白热化阶段，但是创业教育研究还存在很多问题。

1. 未来创业教育应该丰富和完善对创业教育培养目标的研究

人才培养目标的准确定位是搞好教育的前提和核心问题，创业教育作为一门课程，应该具有准确的定位。但是，目前针对创业教育的培养目标，国内学者的研究还不够充分。有些人简单地把创业教育目标定位为教学生创立小型企业，满足生存需要。这虽然揭示了创业教育的一项具体目标，但是把创业教育局限到一个非常狭隘的领域，曲解了创业教育的实质。也有学者把创业教育培养目标具体化为创业意识的培养、创业个性的发掘、创业能力的培养。这些认识都有一定的局限性。我们既应在宏观层面考虑其作为一门课程的总体目标，也要针对不同层次的学校，从微观层面上考虑其具体目标，因此，未来创业教育的培养目标是很值得深入研究的课题。

2. 未来创业教育急需进行教学指导大纲的研究和编写

教学大纲是根据教学计划，以纲要的形式编写的有关学科教学内容的指导性文件。它反映某一学科的教学目的，教学任务，教材内容的范围、深度和结构，教学进度以及教学法上的基本要求，是编写教科书和教师进行教学的主要依据。当前，课堂教学是高校创业教育最基本的教育形式，课程则是教学过程的核心。我国高校创业教育课程纷繁多样，虽然各具特色，但是缺乏纲领性指导，因此急需出台创业教育教学大纲以整合和规范课程建设，推进科学的创业教育课程体系的构建。创业教育教学大纲将根据创业教育的培养目标明确相关课程的性质、地位，基本的教学内容和教学要求，为建立合理的创业教育课程体系提供依据。

3. 未来创业教育需要加强教师的创业教育素质的研究

教师是创业教育能否取得显著成效的一个关键因素。创业教育体系的完善更是与师资队伍建设息息相关。目前我国创业教育还缺乏完善的教学体系和教育理论框架，这与我国创业教育缺乏一支高水准、稳定的师资队伍有直接的关系。创业教育是一门强调实践性的课程，课程内容以实践为导向，经验引导多于规则讲授，它要求教师应当具备一定的创业体验、创业知识和创业技能，即具备一定的创业教育素质。但是，目前从事创业教育的教师大多没有创业或投资经历，不熟悉企业运营的过程。前文已述，从 2003 年开始，教育部开始开展常规的创业教育师资培训活动，经过几年的时间，已经在全国范围内培养了数百名创业教育骨干教师。但是，这些骨干教师还远远不能满足高校开展创业教育的需求。因此，未来高校创业教育的研究必须加强培养和提升教师的创业教育素质的研究。

4. 未来创业教育需要加强创业教育与专业教育融合的研究

北京航空航天大学创业教育中心原主任张林在一次创业教育会议上曾提出，目前的创业教育课还不够多元化，他建议将创业教育整合到课程设置和建设中，以建立跨学科的学习环境，把创业教育作为公共基础课开设。这个问题和这种建议是有其现实依据的。中国目前的创业教育尚未融入学校育人的整个体系之中，与学科专业教育尚未形成有机联系，而较多的是开展一门独立的课程，其着眼点是创业的技巧和技能。这一做法使创业教育失去了学科专业这一最有力的依靠，这也是当前创业教育研究流于肤浅的主要原因之一。

因此，未来中国高校的创业教育需要深入加强创业教育与专业教育的融合，研究者需要在融合的观念与实施办法方面进行研究，以期增强对中国创业教育学科的基础地位的认识，提高建设水平。经过多年的努力，中国创业教育各领域的研究已不同程度地展开，但仍存在较大的发展空间，期待着更多的研究者进入这片广阔的领域。

二、加强校校互联，汲取经验

高校对创业活动的影响具备鲜明的时代特征。随着经济形势的发展变化，今后的研究一方面要将研究的视角放大，开展国际合作，校校互联，以及跨界研究，在比较中继续对大学创业者群体进行更为深入的研究和分析。

我国的高校在近些年发展迅猛，在很多层面取得了良好的成绩，但是与世界一流大学相比，还存在很多弱势，尤其在高校运营机制、师资力量、教学管理和科研创新等方面还有较大提升空间。

我国高校间应广泛开展交流合作，拓宽管理视野，强化理论研究，广泛借鉴世界著名大学的创业教育模式和管理经验，结合我国经济发展的有利条件，在教育部的统一指导下，协调各层面的发展。

广泛开展对外交流，扩大学术研究层面合作有利于拓宽教师国际视野，提升教师学术竞争力，通过培养学术带头人和学界领军人物，快速汲取世界先进经验，以达到快速追赶的目的。从学生培养的角度出发，学生与高层次学者正面交流，通过各种国际交流项目了解国外高校的教学方法和教学内容，对其将来在事业上快速起步、强化国际意识、提高国际竞争力都大有裨益。

另一方面，今后的研究还应不断添加和补充具有时代特点的因素。为使研究更切合实际，满足社会发展的现实需求，创业教育的研究也应该紧跟时代步伐，结合社会的时代特点开展。就信息时代下高校创业教育体系的研究而言，进一步厘清信息时代政治、经济、文化等的特点，有助于更清楚地认识创业教育的外部环境。

在未来研究的深度方面，创业教育的发展应该体现在高校教育环节的各个方面，但在各种要素中，创业教育评价体系应作为所有教育要素的核心。针对创业教育的特点，创业者一旦失败，各方应给予宽容和理解，从而鼓励创业者继续努力；同时，创业者需要社会的广泛认同，从而实现人生价值。此外，创业教育教师能否得到高校其他从业者的认可，能否获得相应的职称、待遇等，则决定了创业教育的核心力量是否能在正确的道路上继续前进。因此，要推动创业教育的发展，首先需要构建完善的教育评价机制。一方面，政府和学校应该以奖励政策或晋升措施向社会传递创业及创业教育得到高度重视的信号，从社会观念方面进行引导。另一方面，社会团体或政府可以成立创业及创业教育成效评价机构，对高校创业教育各要素定期评估，以促进高校创业教育各层次同步发展。我们可以从课程设置、教师科研水平、社会影响力、校友社会成就、创业项目的持续和更新、校友创业情况以及学术沟通交流等多个维度全面考察高校创业教育水平。通过公布评估结果，推动高校构建标准化教育模式，用竞争方式优化高校教育资源，以市场化模式改进教育理念，实现创业教育的跨越式发展。同时，通过公布评估结果，加速创业教育理念的转变，加快创业教育模式的转型和改革，实现就业教育向创业教育、应试教育向素质教育的转型升级以及就业服务向创业服务的转变，使学生改变就业观念，提升自主创业在学生就业中的比重。

结 语

随着我国高等教育由精英教育向大众化教育转变，高校毕业生人数逐年增加，大学生就业形势日趋严峻。我国积极实施扩大就业的发展战略，大力支持创业。创业的主力军在于大学生，创业教育是大学教育内容的重要组成部分，因此必须从内容的维度对大学生创业教育进行研究。

对于高校而言，开展大学生创业教育是高校教育改革的发展趋势，也是高校培养高素质综合型人才的需要，更是高校提高自身综合竞争力的努力方向。近年来，国内大学生创业教育得到了一定程度的发展。

创业教育作为一种新的教育理念，它的出现为我国解决大学生就业难的问题提供了支撑，即对大学生进行创业教育，提高其创新思维、创业水平，在政府与社会的扶持下，其自主创业，从岗位的需求者转变为岗位的创造者，这样不仅解决了自身的就业问题，还为其他待业人员提供了就业机会，从而缓解社会就业压力，促进社会的稳定与和谐。创业教育的出现还为我国高校培养具有创新思维的科技型人才提供了方法，通过人才培养能提高我国的科技研发水平，从而提高国际竞争力。但与一些发达国家相比，我国还存在一定的差距。我们应该在学习和借鉴国外成功经验的基础上，结合国内经济社会发展的实际情况以及各高校发展的需要，探索适合国内高校发展的大学生创业教育模式。

纵观历史，大学生创业教育研究均把创业教育作为一种辅助性工具，依附于大学教育内容，属于就业教育的补充范畴。这种“辅助性”的定位，在不同程度上造成了创业教育的“功利化”，成为制约大学生创业教育发展的主要瓶颈。创业教育失去了作为高等教育的本来面貌，究其原因在于对大学生创业教育内容的制定一直不太全面。从学校层面看，教育管理者大多认为创业教育是针对少数学生的，不愿普遍施行创业教育，致使创业教育没有形成独立的教学内容和课程体系。从创业教育的对象层面来讲，大学生缺乏创业观念、意识、知识和能力等，很多人的创业价值判断及创业视野被局限了。

大学生创业教育任重而道远，只有国家、社会、高校以及企业各方不断探索、不断努力，形成系统的、立体的、高效的教育路径，才能切实有效地提高大学生创业教育的成效。

参考文献

专著类

[1] 李海涛 . 创业与金融 [M]. 天津：天津大学出版社，2018.

[2] 任国升 . 创业教育 [M]. 保定：河北大学出版社，2014.

[3] 吴卫斌，段永田 . 创业教育 [M]. 青岛：中国石油大学出版社，2007.

[4] [法] 阿兰 · 法约尔 . 创业教育研究手册 [M]. 北京：商务印书馆，2019.

[5] 万生新，姬建锋 . 大学生创新创业教育 [M]. 西安：陕西人民出版社，2019.

[6] 顾明远，鲍东明 . 创新创业教育研究 [M]. 上海：上海教育出版社，2019.

[7] 韩国文，陆菊春 . 创业学 [M]. 武汉：武汉大学出版社，2015.

[8] 丁栋虹 . 创业学 [M]. 上海：复旦大学出版社，2014.

[9] 陈炜煜 . 创业学 [M]. 北京：中国物资出版社，2010.

[10] 刘玉威，米洁 . 大学生创业精神培育研究 [M]. 长春：吉林大学出版社，2020.

[11] 罗秋雪，宋贝 . 地方应用型高校创新创业教育生态系统构建研究 [M]. 北京：经济管理出版社，2020.

[12] 唐永红 . 大学生创新创业理论与应用实践研究 [M]. 北京：中国原子能出版社，2020.

[13] 刘爱娣，范守忠 . 高等院校思想政治教育中弘扬工匠精神 [M]. 长春：吉林科学技术出版社，2019.

[14] 钟之静 . “互联网 +” 大学生创新创业大赛蓝宝书 [M]. 广州：暨南大学出版社，2020.

[15] 陈方若，田新民，刘少轩，等 . 中国商学院管理思想践行 [M]. 上海：上海交通大学出版社，2020.

[16] 欧阳琳 . 基于知识获取的高校在校生创业学习研究 [M]. 北京：中国农业科学技术出版社，2020.

[17] 王辉，张振昶 . 大学生创新创业基础 [M]. 北京：北京邮电大学出版社，2020.

[18] 李军，张波，梁强，等 . 电子商务创新创业 [M]. 北京：北京理工大学出版社，2020.

[19] 施永川 . 大学生创业基础 [M]. 长春：吉林大学出版社，2020.

[20] 陈劲，高建 . 创新与创业管理 [M]. 北京：科学出版社，2020.

[21] 蔡妮，马尧双 . 创造创新创业 [M]. 成都：电子科学技术大学出版社，2020.

[22] 梅伟惠 . 高校创业教育的组织模式与运行机制创新研究 [M]. 杭州：浙江大学出版社，2020.

[23] 张森 . 美国创业型大学发展研究与创新型人才培养的基因观察 [M]. 石家庄：河北教育出版社，2020.

[24] 刘德武 . 创业之路 [M]. 北京：中国言实出版社，2020.

[25] 朱信凯，毛基业 . 中国大学生创业报告（2008）[M]. 北京：中国人民大学出版社，2020.

[26] 石燕捷 . 大学生创新创业教育新模式研究 [M]. 天津：天津科学技术出版社，2021.

[27] 李克红 . 创新创业财务管理人才培养模式研究 [M]. 北京：首都经济贸易大学出版社，2020.

期刊、论文类

[1] 王晴 . 我国创业教育与专业教育融合研究述评 [J]. 扬州大学学报：高教研究，2020（5）：39–44.

[2] 樊菲 . 创业教育、生态伦理与创业意图关系的调查研究 [J]. 扬州大学学报：高教研究版，2020（5）：45–50.

[3] 张苗玲，张桃 . 大学生创新创业教育融入高校思想政治教育的研究 [J]. 国际公关，2020（12）：42–43.

[4] 耿武侯 . 大数据时代大学生就业创业面临的困境与指导思路探讨 [J]. 农家参谋，

2020（23）：272.

[5] 夏云清 . 基于“双创”背景的大学生创业机制探究 [J]. 牡丹江大学学报，2020，29（10）：111-114.

[6] 徐琳 . 创新创业教育在高校实践教学中的研究与探索 [J]. 农家参谋，2020（20）：198+292.

[7] 章平 . 创新创业教育和高校思政教育的结合 [J]. 农家参谋，2020（20）：259.

[8] 刘璐 . 高职院校创新创业教育现状调查及问题探析 [J]. 农家参谋，2020（20）：297.

[9] 胡江川 . 高职院校创新创业教育及其服务地方社会经济产业发展探析 [J]. 河北职业教育，2020，4（5）：56-60.

[10] 杨林安 . 探析创客教育在大学生创新创业教育中的作用 [J]. 湖北开放职业学院学报，2020，33（19）：5-6.

[11] 唐黎，宋子玥，张增峰 . 地方高校“全方位层级式”创新创业教育体系探索与实践 [J]. 陕西教育 . 高教版，2020（10）：46-47.

[12] 田丽，张煜，王卫涛 . 国内外高校创新创业教育对比分析 [J]. 教育教学论坛，2020（44）：348-349.

[13] 赵玲 . 基于高职学生创新创业能力提升的财商教育模式研究 [J]. 教育教学论坛，2020（44）：355-356.

[14] 金成哲 . 以专业导师制推进大学生创新创业教育的路径探析 [J]. 教育教学论坛，2020（42）：144-146.

[15] 付春权 . 高校大学生创新创业教育存在的问题及对策 [J]. 继续教育研究，2020（6）：78-81.

[16] 王冰，麦黛洁 . 创客教育视角下中职院校跨境电商创新创业人才培养模式研究 [J]. 现代商贸工业，2020，41（31）：41-42.

[17] 卓潇，伍兵 . 大学生创业能力培养的心理学思考 [J]. 广西教育学院学报，2020（5）：147-150.

[18] 范晓贤，周毅飞 . 高校共青团促进大学生创新创业工作质量提升策略研究——以湖北理工学院为例 [J]. 湖北师范大学学报（哲学社会科学版），2020，40（5）：137-139.

[19] 贺丽 . 新时代大学生就业与创业指导课程教学改革初探 [J]. 科技经济导刊，

2020，28（27）：119+118.
[20] 张继河，唐鑫昀 . 高校本科生创业教育影响因素的实证研究——基于提升创业意向视角 [J]. 创新创业理论研究与实践，2020，3（18）：179–183+186.
[21] 樊凡 . “互联网 +”时代大学生创新创业教育新模式 [J]. 大众标准化，2020（18）：82–83.
[22] 杨洋，董科 . 浅谈大学生“双创”精神和实践探索 [J]. 现代职业教育，2020（39）：194–195.
[23] 骆爽 . 基于师资队伍建设的创业教育课程教学改革研究 [J]. 湖南邮电职业技术学院学报，2020，19（3）：84–86.
[24] 范晓贤，周毅飞 . 浅析共青团高校大学生在创业产业教育中的作用 [J]. 农家参谋，2020（18）：189+191.
[25] 肖艺 . 高校创新创业教育现状与实践路径 [J]. 农家参谋，2020（18）：239.
[26] 王颖 . “大众创业、万众创新”背景下高校创业教育研究 [J]. 吉林广播电视大学学报，2020（9）：24–25.
[27] 徐攀 . 新时期高校创新创业融入思政教育研究——评《“互联网 +”时代高校创新创业教育》[J]. 中国高校科技，2020（9）：111.
[28] 陈勇 . 如何培养大学生创新实践能力——评《创新创业教育——让大学生走在时代的前沿》[J]. 中国高校科技，2020（9）：112.
[29] 涂淑芬 . 大学生创新创业教育实践教学优化路径 [J]. 现代企业，2020（9）：114–115.
[30] 任文锦 . 高校社会创业教育生态系统的协同构成 [J]. 现代企业，2020（9）：116–117.
[31] 赵崇阳，张久建 . 新工科视角下的创新创业教育体系构建 [J]. 科教导刊，2020（26）：17–18.
[32] 赵春芳 . 高职创新创业教育研究热点可视化分析 [J]. 广州城市职业学院学报，2020，14（3）：22–28.
[33] 姜文文 . 高校创新创业教育融合的实践探索 [J]. 青年与社会，2020（26）：125–126.
[34] 陈丽，郭必裕 . 国外创业教育的特点与启示 [J]. 黑河学刊，2019（6）：118–

121.

[35] 邴浩．创业教育究竟激发了谁的创业意愿？——基于高校创新创业教育政策的实证分析 [J]. 高教探索，2019（9）：111–118.

[36] 陆玉蓉．国外创业教育发展模式及其启示 [J]. 高教学刊，2019（11）：36–38.

[37] 尹飞霄．创业教育、创业意愿与大学生创业绩效——基于 235 份问卷调查的实证分析 [J]. 技术经济与管理研究，2019（2）：41–46.

[38] 李琴，齐文娥，杨学儒，等．创业教育对大学生在校创业行为及毕业后创业意愿的影响 [J]. 复旦教育论坛，2018（4）：65–72.

[39] 王江涛，刘海琴．国外创新创业教育研究与借鉴 [J]. 南京工业职业技术学院学报，2018（1）：91–93.

[40] 崔军．创业能力国外研究进展及其对高校创业教育的启示 [J]. 高校教育管理，2017（5）：53–61.

[41] 谭春花．国外大学生创新创业教育及其经验借鉴 [J]. 牡丹江教育学院学报，2017（5）：33–35+68.

[42] 赵燕．国外高校创新创业教育经验借鉴 [J]. 合作经济与科技，2017（9）：102–103.

[43] 黄兆信，王志强．高校创业教育生态系统构建路径研究 [J]. 教育研究，2017（4）：37–42.

[44] 曾骊，张中秋，刘燕楠．高校创新创业教育服务“双创”战略需要协同发展 [J]. 教育研究，2017（1）：70–76+105.

[45] 张其香．论大众创业、万众创新政策背景下中国创业教育的新格局 [J]. 新疆师范大学学报（哲学社会科学版），2017（3）：140–146.

[46] 曹继军，颜维琦．大学创新创业教育如何发力 [N]. 光明日报，2016–06–04（007）.

[47] 徐世平，史贤华．国外高校创新创业教育研究述评——兼论我国高校创新创业教育的路径探索 [J]. 曲靖师范学院学报，2016（2）：22–26.

[48] 黄兆信，张中秋，谈丹．创业教育：大学生岗位胜任力培养的有效路径 [J]. 高等工程教育研究，2016（1）：24–28+50.

[49] 梅伟惠，陈悦．美国高校创业教育新纪元：“创业美国计划”的出台、实施与特点 [J]. 高等工程教育研究，2015（4）：82–87.

[50] 王焰新．高校创新创业教育的反思与模式构建 [J]. 中国大学教学，2015（4）：

4–7+24.
[51] 严毛新.走向差异: 高校创业教育的应有格局[J].高等工程教育研究，2015(2): 48–52.
[52] 杨晓慧.我国高校创业教育与创新型人才培养研究[J].中国高教研究，2015（1）：39–44.
[53] 刘艳，闫国栋，孟威，等.创新创业教育与专业教育的深度融合[J].中国大学教学，2014（11）：35–37.
[54] 陈雪钧.国外高校创业教育的比较与启示[J].科学咨询（科技・管理），2014（11）：22–23.
[55] 魏东初.国外大学生创业教育的经验与借鉴[J].思想教育研究，2013（7）：106–109.
[56] 马小辉.创业型大学的创业教育目标、特性及实践路径[J].中国高教研究，2013（7）：96–100.
[57] 胡桃，沈莉.国外创新创业教育模式对我国高校的启示[J].中国大学教学，2013（2）：91–94+90.
[58] 肖怡.国外大学生创业教育的发展特点及对我国的启示[J].当代经济，2012（5）：106–107.
[59] 魏小琳.国外创业教育发展的特征及启示[J].教育发展研究，2011（9）：55–59.
[60] 李娅娌.美国高校创业教育研究[D].北京：首都师范大学，2008.
[61] 李会峰.我国大学生创业教育研究[D].兰州：兰州大学，2010.
[62] 韩建华.英国高校创业教育研究[D].石家庄：河北师范大学，2011.
[63] 韩群.高校创业教育课程发展研究[D].重庆：西南大学，2012.
[64] 王蕾.创业教育促进大学生创业的机制研究[D].洛阳：河南科技大学，2014.
[65] 刘峄.中国高校创业教育发展现状与趋势研究[D].长春：东北师范大学，2016.
[66] 黄善明.创业教育对大学生创业自我效能感、创业意向的影响研究[D].成都：电子科技大学，2017.